Segurança e Ciências Forenses

Breves reflexões

N.º 1 - Janeiro 2016

ÍNDICE

Breves Reflexões

Estas *"breves reflexões"* têm como lastro as notícias que vão sendo publicadas na imprensa nacional e nalguns casos na internacional, sobre temas relacionados com a segurança e as ciências forenses, bem com a legislação e a doutrina conexas.

Temos como desiderato contribuir para uma reflexão mais aprofundada em torno das temáticas que vamos abordando mensalmente.

Nesta senda, o presente número está direcionado para um acervo de questões que vai desde a criminalidade económico-financeira até aos serviços de informações passando, entre outras pela violência doméstica e pela delinquência juvenil.

Relativamente à criminalidade económico-finaneira, de acordo com o Observatório de Economia e Gestão de Fraude (Obegef), da Faculdade de Economia da Universidade do Porto, em Portugal, movimentará valores na ordem dos 50 mil milhões de euros. Aliás, só em 2015 as entidades bancárias terão denunciado 3865 operações suspeitas de branqueamento de capitais (em média 322 participações mensais), o que constitui um aumento de 20% em relação a 2013, tendo o DCIAP recebido 4376 denúncias anónimas relativas a crimes económico-financeiros.

Em estreita ligação com esta surge-nos o crime organizado, com um cariz sofisticado, baseado em organizações, estruturadas segundo diversos moldes, estáveis e duradouras, cujo âmbito de atuação varia entre o regional, o nacional e o transnacional, com capacidade de adaptação e regeneração, dedicando-se a um amplo leque de atividades ilícitas ou lícitas por meios ilícitos, tendo em vista auferir lucros cada vez maiores, que são introduzidos nos mercados legais, o que lhe permite influenciar, aliciar, corromper e comprometer os processos políticos, as instituições democráticas, os média, os programas sociais, o desenvolvimento económico, os direitos humanos, baseando-se numa autêntica lógica empresarial que lança mão da violência sem hesitação, aproveitando as inovações tecnológicas permanentes, a mobilidade de pessoas, bens e capitais.

Por seu turno, também são cada vez mais visíveis as ligações entre o crime organizado e o terrorismo. O início de 2016 ficou marcado pelo atentado terrorista ocorrido em Jacarta, capital da Indonésia, um Estado arquipelágico predominantemente muçulmano, o qual terá sido levado a cabo pelo grupo extremista sunita Daesh (Estado islâmico) através de *"soldados do Califado na Indonésia"*, visando *"estrangeiros e forças de segurança que tinham a responsabilidade de os proteger na capital da Indonésia"*. A este propósito, Nuno Rogeiro, numa entrevista, considerou o terrorismo uma ameaça global, para o enfrentar, um pouco por todo o lado, têm sido implementadas medidas extremas, mas afirmando que faltam meios e sobra descoordenação. No que concerne a Portugal, embora o país não apareça em nenhum dos radares destas organizações, como não há fronteiras indivisíveis na Europa, sobretudo na Europa de Schengen, logo, quem chegar à Alemanha, chega facilmente a Portugal.

Em estreita conexão com o terrorismo aparece o drama dos refugiados, segundo dados da ACNUR, em 2014 (últimos dados disponíveis), a Síria gerou 7,6 milhões de deslocados internos e 3,88 milhões de refugiados, seguida pelo Afeganistão com 2,59 milhões de refugiados e pela Somália com 1,1 milhão de refugiados. Esta vaga humana também tem afetado a Europa, só em 2015 rumaram a este continente mais de um milhão de refugiados, tendo morrido ou desaparecido pelo menos 3600 durante o trajeto.

A questão da violência doméstica, não raras vezes marca a atualidade com notícias trágicas, não distinguindo sexo, idade ou estrato social, incidindo na maior parte dos casos sobre o cônjuge feminino, namoradas, crianças e idosos. Os dados mais recentes apontam para a morte de 400 mulheres nos últimos 11 anos em contexto de violência doméstica, e segundo um estudo levado a cabo pela União Europeia os custos relacionados com este fenómeno ascenderão a 109 mil milhões de euros, 0,8 % do PIB da União.

No que concerne à delinquência juvenil, do Relatório de Segurança Interna de 2014 consta o registo de 2.393

participações relacionadas com esta dinâmica, a qual engloba a prática por indivíduo comprovadamente menor e com uma idade compreendida entre os 12 e os 16 anos, de um facto qualificado pela lei como crime, nos termos previstos na Lei Tutelar Educativa

Os acidentes nas estradas portuguesas continuam a ceifar vidas e a deixar sequelas nos sobreviventes, não obstante os sucessivos governos terem como prioridade o combate à sinistralidade rodoviária, existir uma Estratégia Nacional de Segurança Rodoviária, os vários programas de prevenção rodoviária, os constantes alertas lançados por diversos atores institucionais e não institucionais, o Código da Estrada ir na 18.ª versão sendo este complementado por vasto e intrincado complexo legislativo.

Outra temática de grande atualidade é o ambiente. Em Portugal a política de ambiente visa a efetivação dos direitos ambientais através da promoção do desenvolvimento sustentável, suportada na gestão adequada do ambiente, em particular dos ecossistemas e dos recursos naturais, contribuindo para o desenvolvimento de uma sociedade de baixo carbono e uma «economia verde», racional e eficiente na utilização dos recursos naturais, que assegure o bem-estar e a melhoria progressiva da qualidade de vida dos cidadãos, competindo ao Estado a realização desta política. Apesar de todas as "ferramentas existentes" em muitos casos, nem os direitos dos cidadãos são salvaguardados, nem estes cumprem os deveres a que estão adstritos.

Finalmente, as nossas reflexões incidem sobre o Sistema de Informações da República Portuguesa, a algumas polémicas a ele associados e à sua importância na salvaguarda da segurança interna e externa, da independência e interesses nacionais e da unidade e integridade do Estado.

Esperamos que o nosso desiderato seja alcançado.

Sousa dos Santos

1. Ligações perigosas

De acordo com o Observatório de Economia e Gestão de Fraude (Obegef), da Faculdade de Economia da Universidade do Porto[1], em Portugal, a criminalidade económico-finaneira (*the white collar crime*), ou seja "*toda a forma de crime não-violento, que possui como consequência uma perda financeira. Engloba uma vasta gama de atividades ilegais, destacando-se a fraude e evasão fiscal, a corrupção e o branqueamento de capitais*", movimentará valores na ordem dos 50 mil milhões de euros[2]. Aliás, só em 2015 as entidades bancárias terão denunciado 3865 operações suspeitas de branqueamento de capitais[3] (em média 322 participações mensais), o que constitui um aumento de 20% em relação a 2013, tendo o DCIAP[4] recebido 4376 denúncias anónimas relativas a crimes económico-financeiros[5]. A este propósito, consta que o Banco de Portugal[6] elaborou um relatório confidencial, enviado às instituições de crédito e sociedades financeiras, onde constam 169 nomes associados ao branqueamento de capitais[7].

Estas instituições e os seus clientes são, por vezes alvo de atividades ilícitas levadas a cabo pelos próprios funcionários, através da apropriação de avultadas quantias recorrendo a métodos fraudulentos, nomeadamente empréstimos fictícios[8], levantamentos de quantias dos clientes[9] e utilização de cartões de crédito alheios[10].

Mas o recurso à fraude é transversal a várias atividades e tanto pode ocorrer no sector público como no privado. Neste âmbito, a área da Saúde foi recentemente bastante badalada[11], o próprio ministro considerou o fenómeno como endémico[12], o que é atestado pela detenção de um quadro do ministério devido a ter lesado o Estado[13] em vários processos de adjudicação de obras em centros de saúde.

Ventos similares que já tinham fustigado a Administração Interna com os "vistos gold"[14], voltaram a soprar e desta vez atingiram a Autoridade Nacional de Proteção Civil (ANPC), a propósito da contratação internacional para a aquisição de meios aéreos[15] de combate aos incêndios, sendo o Ministério Público, neste inquérito, coadjuvado pela Unidade Nacional de Combate à Corrupção da Polícia Judiciária[16]. No decurso desta operação, denominada de *"Crossfire"*[17], foram levadas a cabo dez buscas, em várias zonas do país (Lisboa, Ponte de Sor, Porto), incluiu-se neste leque a residência e a viatura do responsável pelo pelouro financeiro da ANPC, havendo a registar cinco constituições de arguidos[18].

Numa outra vertente, o Tribunal de Contas efetuou uma auditoria à ANPC que teve em vista examinar o sistema de gestão e controlo na área das transferências financeiras para as associações humanitárias de bombeiros (AHB)[19] e incidiu sobre o ano de 2013, com extensão, sempre que necessário, a períodos anteriores e posteriores. *«As verificações evidenciaram inadequação de diversos procedimentos, reduzida integração e eficiência dos meios*

8

informáticos, insuficiência de controlos e falta de fiabilidade dos dados pelo que se classifica o sistema de gestão e controlo de "Deficiente"», ausência de controlo eficaz sobre o dinheiro transferido para os bombeiros, não se sabendo quantas Associações existem. O presidente da ANPC, Major-General Francisco Grave Pereira, concordou que é necessário introduzir alterações[20] nos Manuais de Procedimentos da entidade que dirige para que exista *"uma uniformização mais acentuada e uma melhoria do controlo interno"*.

Não obstante os vários escândalos que têm vindo sistematicamente à luz do dia, em matéria de corrupção, no ranking da *"Transparency Internacional" (TI)*[21], Portugal, numa lista de 168 países encabeçada pela Dinamarca, ocupa o 28.º lugar.

Artur Pereira, num artigo de opinião[22], afirma que *"as políticas de exploração, as injustiças sociais e económicas, a errada distribuição de riqueza, o vazio cultural e a promoção do efémero e uma justiça pesada e ineficaz que são o campo fértil onde nasce e prospera a corrupção"*, nas palavras de Miguel Torga *"o cancro que rói o corpo e ameaça contaminar a alma de Portugal"*.

A corrupção funciona como um *"lubrificante"*[23], sendo os alvos selecionados em função de vários parâmetros devidamente aferidos. Manifesta-se através de diversas tipologias, designadamente favorecimento, fornecimento de informação privilegiada, adjudicações de serviços e empreitadas de obras públicas com prévia combinação entre o decisor e o adjudicado, celebração de certos contratos com cláusulas ruinosas para os interesses do Estado e extorsão por parte de um funcionário que exige uma determinada contrapartida para a prática de um ato de sua competência.

Nestas matérias, a solução passa pela aposta[24] na redução do emaranhado decisório da Administração Pública, dando condições de trabalho, incentivando ao bom desempenho, pagando ordenados dignos, estabelecendo regras de conduta, reduzindo a burocracia e os procedimentos administrativos, fiscalizando, supervisionando, atuando de forma célere logo que as situações de corrupção sejam detetadas, dando particular atenção aos financiamentos partidários e investindo em campanhas de informação para que haja consciência do problema, dos seus custos e da sua ilicitude.

Manuel Ferreira dos Santos

2. *"Tunelando e tonelando"*

O mexicano Joaquín Archivaldo Guzmán Loera, *"El Chapo"*, nasceu a 4 de abril de 1957, na Sierra, montanhas do Estado de Sinaloa. Segundo Roberto Saviano[25], moldado à base de pancada e trabalho no campo, foi rapidamente inserido no cultivo da papoila dormideira, ali introduzida no século XIX pelos chineses. Devido aos laços familiares, fez carreira no narcotráfico, onde subiu a pulso e a tiro na hierarquia, até que atingiu o estrelato como líder do Cartel de Sinaloa, uma verdadeira multinacional com ramificações na América, África e Europa, dedicando-se sobretudo ao tráfico de cocaína, marijuana e metanfetaminas, merecendo especial destaque os túneis escavados na fronteira com os Estados Unidos para a introdução de toneladas de estupefacientes.

Foi detido pela primeira vez em 1993, colocado posteriormente na prisão da alta segurança de *Puente Grande* e perante a ameaça de ser extraditado para os Estados Unidos acaba por se evadir com ajuda de funcionários da cadeia no porta bagagens de um *Chevrolet Monte Carlo*.

Detido em Sinaloa, voltou à prisão em 2014. Ao que consta os túneis e os "tentáculos" terão sido fundamentais para iludir as autoridades durante esse período. A operação que culminou na sua detenção teve um efeito nas audiências televisivas idêntica a uma final do Mundial de futebol ou a uma eleição presidencial, aparecendo referências nas redes sociais que o glorificavam como um deus mexicano, um herói, um benfeitor.

A 11 de julho de 2015, evade-se da cadeia de máxima segurança de Altiplano através de um túnel de cerca de 1,5 quilómetros que começava no duche da sua cela, com ligação a uma casa situada fora do perímetro do estabelecimento prisional, aproveitando o único ângulo morto da câmara de videovigilância. Voltou a ser capturado a 18 de janeiro de 2016[26], na sequência de uma denúncia anónima ou depois das autoridades terem seguido a atriz Kate del Castillo e Sean Penn[27], regressou a Altiplano onde é alvo de uma vigilância permanente[28] que inclui cães treinados para lhe detetar o odor, mudanças de cela constantes ou guardas equipados com câmaras de vigilância nos capacetes, havendo sérias hipóteses de ser extraditado para os Estados Unidos[29]. As autoridades mexicanas publicaram posteriormente um vídeo com imagens inéditas e animações 3D[30] para relatar o que sabem sobre a fuga e detenção deste narcotraficante.

O crime organizado tem um cariz sofisticado, baseia-se em organizações, estruturadas segundo diversos moldes, estáveis e duradouras, cujo âmbito de atuação varia entre o regional, o nacional e o transnacional, com capacidade de adaptação e regeneração, dedicando-se a um amplo leque de atividades ilícitas ou lícitas por meios ilícitos, tendo em vista auferir lucros cada vez maiores, que são introduzidos nos mercados legais, o que lhe permite influenciar, aliciar, corromper e comprometer os processos políticos, as instituições democráticas, os média, os programas sociais, o desenvolvimento económico, os direitos humanos, baseando-se numa autêntica lógica empresarial que lança mão da violência sem hesitação, aproveitando as inovações tecnológicas permanentes, a mobilidade de pessoas, bens e capitais.

Não existem zonas do globo imunes a esta realidade, a Ndrangheta calabresa[31], atualmente uma das mais poderosas organizações criminosas europeias[32], mercê do domínio das rotas do tráfico da cocaína[33], estará a operar em Portugal, aproveitando a localização geográfica do país e algumas fragilidades das fronteiras marítimas[34]. Esta organização, em Portugal, além do narcotráfico[35] terá interesses ligados ao jogo (apostas on line).

Mas também a denominada Mafia turca estará a infiltrar-se no nosso país. Associada, entre outras atividades ao domínio das rotas de tráfico de heroína[36], mas também à distribuição do Captagón[37], ao tráfico de seres humanos[38] e de armas, por cá, talvez fruto da nossa natural apetência pelo dinheiro fácil, dedicar-se-á ao jogo online[39], utilizando uma rede de apostas desportivas ilegais com origem na Turquia que se terá ramificado por vários cafés e sedes de associações desportivas e recreativas de toda a região Norte.

Tudo isto acontece porque *"neste mercado gigantesco para que evoluiu a economia mundial, existe uma procura de bens proibidos que, agora por este motivo, o converte em idóneo para a proliferação de organizações criminosas. Para o satisfazer, surge um mercado de bens e serviços ilegais que coexiste com o mercado legal"*[40].

Uma realidade complexa que exige uma articulação permanente entre os diversos atores institucionais, tanto no plano da prevenção como no da investigação criminal, bem como recursos humanos qualificados e motivados, ao que acresce os meios materiais adequados e um quadro legal capaz. A este respeito, se tivermos em linha de conta a realidade nacional, tem plena aplicabilidade a frase de Antonio Amurri: *"a luta contra a criminalidade organizada é muito difícil, porque a criminalidade é organizada, mas nós não"*.

Por isso, enquanto as *"confrarias"* se digladiam, o crime organizado vai *"tunelando"* e *"tonelando"*.

L.M.Cabeço

3. A incerteza do terror

Maria Sousa Galito[41] considera que *"o terrorismo geralmente envolve violência física ou psicológica contra alvos não combatentes, selecionados ou aleatórios, é uma forma instrumental de impor o medo sobre um povo, um governo ou um Estado"*, havendo quem considere que o fenómeno é irracional ao ponto de ser incompreensível, impossível de analisar racionalmente[42]. Nuno Severiano Teixeira escreveu, num artigo publicado em 2003 que[43] *"o novo terrorismo, fundado no dogma teocrático e no fundamentalismo religioso que revela um poder de mobilização extremo, desconhecido e, praticamente, impossível em sociedades laicas. Enquanto estas maximizam a capacidade para matar, aquela maximiza a predisposição para morrer"*.

O início de 2016 ficou marcado pelo atentado terrorista ocorrido em Jacarta, capital da Indonésia, um Estado arquipelágico predominantemente muçulmano, o qual terá sido levado a cabo pelo grupo extremista sunita Daesh (Estado islâmico)[44] através de *"soldados do Califado na Indonésia"*, visando *"estrangeiros e forças de segurança que tinham a responsabilidade de os proteger na capital da Indonésia"* [45].

A este soma-se um outro, perpetrado num hotel de Uagadugu, capital do Burkina Faso[46], e que vitimou, entre outros cidadãos, um português residente em França, tendo o atentado sido reivindicado pela Al-Qaeda no Magrebe

Islâmico (AQMI)[47]. Este ataque segue-se a um outro levado a cabo num hotel de luxo do vizinho Mali[48] que ceifou a vida a 20 cidadãos de várias nacionalidades.

Os acontecimentos do Uagadugu poderão ter na sua génese, além da proximidade geográfica, o fato do Burkina Faso ter uma grande contingente militar no Mali no âmbito da missão militar da ONU (Minusma)[49], país onde a AQMI está particularmente ativa, aproveitando-se do deserto do Sara para se ocultar e desenvolver atividades ligadas ao crime organizado[50], provindo daqui os fundos necessários.

Também o Boko Haram[51] continua a espalhar o terror pela Nigéria, Camarões, Chade e Niger[52], deixando atrás de si um rasto de morte e destruição[53], tendo o Alto Comissariado das Nações Unidas para Refugiados (ACNUR) chamado a atenção[54], para a situação das cerca de 100 mil pessoas deslocadas na região sudeste do Níger[55], onde a violência deste grupo tem provocado migrações e fugas. No caso dos Camarões, estima-se que desde 2013, este grupo terá sido responsável pela morte de 1200 cidadãos[56], devido a atentados suicidas, incursões terroristas e acidente com minas.

Entretanto, e não obstante as ações levadas a cabo[57], o Daesh ou Estado Islâmico (EI) continua particularmente ativo, tal como é atestado pela vala comum descoberta no Iraque[58], pela destruição do templo cristão mais antigo deste país[59], bem como pelo relatório da ONU sobre as atrocidades praticadas por esta organização[60].

Mas existem sinais de que nem tudo vai de feição, porque "devido às circunstâncias excecionais que o EI[61] está a enfrentar, foi decidido cortar os salários dos *"mujaedines"* em metade do seu valor[62]", continuando a ser agraciados com "escravas sexuais[63]".

Apesar disso, o Daesh tem-se desdobrado em ameaças à Europa, uma delas com uma mensagem para David Cameron[64], e outra especialmente direcionada para os Balcãs[65] na qual mostra como *"envenenar os infiéis"* e *"armadilhar os seus automóveis"*, as quais não podem ser descuradas, porque, segundo Rob Wainwright, da Europol[66], a organização desenvolveu a capacidade de lançar ataques globais e está especialmente centrada no "Velho Continente", daí os alertas que têm vindo a ser lançados[67]. Do leque de países ameaçados também fazem parte Portugal e Espanha[68], sendo frequentemente mencionada a intenção do Daesh em recuperar o Al-Andalus. As entidades com responsabilidade na matéria[69] têm vindo sistematicamente a afirmar que não há razão para alarme, embora o terrorismo seja uma ameaça real em todas as capitais europeias[70].

Para engrossar as suas fileiras, o EI conta com o processo de radicalização de jovens[71], uma espiral que pode começar nas prisões[72], ou mediante a atração de adolescentes perfeitamente normais através do corte de relações com o meio que habitualmente frequentam (amigos, escola)[73] e que em caso de sucesso, pode desembocar no teatro de operações da Síria, do Iraque ou a desempenhar o papel de mártir carregado de explosivos num qualquer ponto do planeta, recorrendo a uma espécie de propaganda colorida colocada na Internet para patrocinar a atração de um paraíso[74] onde jovens alienados sentem disparos de adrenalina e gozam os despojos de guerra, havendo quem diga que não são muito diferentes dos recrutas da Legião Estrangeira[75]. Para melhorar o desempenho dos seus jovens afiliados o Daesh divulgou um manual de 58 páginas[76], com orientações de segurança para lobos solitários mujaedines e pequenas células, preparando-os para fazer ataques no Ocidente e passarem despercebidos. Merece especial referência o papel desempenhado na desradicalização em França por Dounia Bouzar[77] do Centro de Prevenção contra o Sectarismo Associado ao Islão[78], considerada uma especialista[79] nesta matéria.

Nuno Rogeiro, numa entrevista, considerou o terrorismo uma ameaça global, para o enfrentar, um pouco por todo o lado, têm sido implementadas medidas extremas[80], mas afirmando que faltam meios e sobra descoordenação. No que concerne a Portugal, embora o país não apareça em nenhum dos radares destas organizações, como não há fronteiras indivisíveis na Europa, sobretudo na Europa de Schengen, logo, quem chegar à Alemanha, chega facilmente a Portugal.

No que tange ao branqueamento de capitais e financiamento do terrorismo, foi publicada a Avaliação Nacional de Riscos de Branqueamento de Capitais e de Financiamento do Terrorismo[81], consubstanciando-se este último no fornecimento, recolha ou detenção de fundos ou bens de qualquer tipo, bem como produtos ou direitos suscetíveis de ser transformados em fundos, por quaisquer meios, direta ou indiretamente, com a intenção de serem utilizados ou sabendo que podem ser utilizados, total ou parcialmente, no planeamento, na preparação ou para a prática de factos através dos quais organizações terroristas[82] visem intimidar uma população ou obrigar um governo ou uma organização internacional a praticar ou a abster-se de praticar qualquer ato.

Da Agenda Europeia para a Segurança[83] faz parte o reforço das capacidades da Europol, para o efeito foi dada luz verde à criação do Centro Europeu Contra o Terrorismo[84], que ajudará a Agência da UE a intensificar o apoio à ação das autoridades policiais nacionais contra os «combatentes terroristas estrangeiros», o financiamento do terrorismo, os conteúdos extremistas violentos em linha e o tráfico ilícito de armas de fogo.

Termino como comecei, citando Nuno Severino Teixeira[85]: *"iludem-se aqueles que pensam que é suficiente uma resposta musculada e, exclusivamente, policial. Não é. É preciso mais que isso, criar riqueza, estabilidade social e, sobretudo, restaurar o Estado e a Democracia, lá, onde prosperam as redes terroristas".*

J.M.Ferreira

4. Em fuga

Considera-se refugiado[86], *"o estrangeiro ou apátrida que, receando com razão ser perseguido em consequência de atividade exercida no Estado da sua nacionalidade ou da sua residência habitual em favor da democracia, da libertação social e nacional, da paz entre os povos, da liberdade e dos direitos da pessoa humana ou em virtude da sua raça, religião, nacionalidade, convicções políticas ou pertença a determinado grupo social, se encontre fora do país de que é nacional e não possa ou, em virtude daquele receio, não queira pedir a proteção desse país ou o apátrida que, estando fora do país em que tinha a sua residência habitual, pelas mesmas razões, não possa ou, em virtude do referido receio, a ele não queira voltar"*.

A este propósito o Tribunal Central Administrativo do Sul, num Acórdão de 10/02/2015[87], decidiu que *"os motivos da perseguição que hão-de fundamentar o receio fundado de o requerente ser perseguido, devem, nos termos do artigo 2º nº 1 alínea j) ser apreciados tendo em conta as noções de «Raça» (que inclui, nomeadamente, considerações associadas à cor, à ascendência ou à pertença a determinado grupo étnico), de «Religião» (que abrange, designadamente, o facto de se ter convicções teístas, não teístas e ateias, a participação ou a abstenção de participação em cerimónias de culto privadas ou públicas, quer a título individual, quer em conjunto com outras pessoas, noutros atos religiosos ou expressões de convicções, ou formas de comportamento pessoal ou comunitário fundadas em credos religiosos ou por estes impostas); de «Nacionalidade» (que não se limita à cidadania ou à sua ausência, mas abrange também, designadamente, a pertença a um grupo determinado pela sua identidade cultural, étnica ou linguística, pelas suas origens geográficas ou políticas comuns ou pela sua relação com a população de outro Estado); de «Grupo» (entendendo-se este como um grupo social específico nos casos concretos em que os membros desse grupo partilham de uma característica inata ou de uma história comum que não pode ser alterada, ou partilham de uma característica ou crença considerada tão fundamental para a identidade ou consciência dos membros do grupo que não se pode exigir que a ela renunciem; e esse grupo tenha uma identidade distinta no país em questão, porque é encarado como diferente pela sociedade que o rodeia) ou de «Opinião política» (que inclui, designadamente, o facto de se possuir uma opinião, ideia ou ideal em matéria relacionada com os potenciais agentes da perseguição às suas políticas ou métodos, quer essa opinião, ideia ou ideal sejam ou não manifestados por atos do requerente)".*

Segundo dados da ACNUR, em 2014 (últimos dados disponíveis)[88], a Síria gerou 7,6 milhões de deslocados internos e 3,88 milhões de refugiados, seguida pelo Afeganistão com 2,59 milhões de refugiados e pela Somália com 1,1 milhão de refugiados. Esta vaga humana também tem afetado a Europa, só em 2015 rumaram a este continente mais de um milhão de refugiados, tendo morrido ou desaparecido pelo menos 3600 durante o trajeto.

Na origem deste fenómeno está uma série de conflitos no Médio Oriente (Síria, Iraque), no Norte de África e na África Subsariana, ao que se junta um número considerável de cidadãos originários de países em que a situação económica e o nível de pobreza são de tal ordem[89] que para tentarem sobreviver têm de procurar, juntamente com as famílias, uma alternativa noutro lado.

No início de 2016 esta questão ganhou novos contornos com os acontecimentos de Colónia[90], cidade alemã, onde na noite de passagem de ano muitas mulheres foram alvo de assaltos e agressões sexuais[91], havendo a registar duas violações, sendo os alegados atacantes de origem árabe ou norte-africana[92]. Ao que parece não terá sido caso isolado, registando-se situações análogas em Hamburgo, Zurique[93] e Helsínquia[94].

O caso de Colónia gerou bastante polémica devido às acusações dirigidas à Polícia, Governo e mass media[95] por supostamente tentarem abafar esta situação para proteger os atacantes e, sobretudo, a política de acolhimento dos refugiados de Angela Merkel, ao que se juntou a desastrada intervenção da perfeita de Colónia Henriette Reker quando aconselhou as mulheres a manter um braço de distância de pessoas desconhecidas para evitar situações semelhantes. Com o intuito de evitar incidentes similares, vários países, preparam "aulas de respeito às mulheres"[96] dirigidas a todos os refugiados.

Estes eventos constituíram um marco na abordagem da questão dos refugiados na Europa. A Alemanha através da sua chanceler, mostrou-se, desde logo, disposta a ver endurecidas as regras de expulsão[97] de refugiados condenados naquele país, mesmo no que concerne aos condenados com penas suspensas, avisando os restantes (sírios e iraquianos) que terão de voltar para casa[98], uma vez terminada a guerra nos países de origem.

A Suécia além de ter introduzido controlos nas fronteiras do sul do país, anunciou que tenciona expulsar[99] entre 60.000 a 80.000 pessoas que em 2015 procuraram refúgio no país, recorrendo à força se necessário. Convém frisar que só em 2015 o número de pedidos de asilo ascendeu a 163.000 numa população de 9,5 milhões de habitantes[100], destes foram alvo de análise 58.800 casos, sendo deferidos 55%. Este país nórdico foi ainda notícia porque um jovem sírio de 15 anos que tinha pedido asilo esfaqueou uma funcionária de um centro de acolhimento[101], para amenizar os ânimos o primeiro-ministro lamentou o sucedido e *"pediu compreensão, porque muitos dos menores que o país tem recebido passaram por experiências traumáticas"*[102].

A Dinamarca aprovou um quadro legal[103] que reduz em 10% o dinheiro que os refugiados recebem do Estado, aumenta de 12 meses para três anos o tempo que os refugiados com asilo temporário de um ano terão de esperar para pedir reunião familiar e confisca os bens ou valores superiores a 10 mil coroas dinamarquesas (1340 euros) para custear as despesas, uma prática corrente na Suíça[104]. Convém referir que os cidadãos dinamarqueses[105] também são obrigados a entregar as suas poupanças ao governo, antes de terem direito a receber apoio estatais. O Parlamento português manifestou o seu "veemente repúdio"[106] pela aprovação deste acervo legislativo.

Em Inglaterra, o governo inglês, através do Ministério da Imigração terá encarregado o grupo de segurança privada G4S[107] de assegurar o alojamento dos refugiados. Num regresso ao passado e trazendo à memória práticas de outros tempos e pouco consentâneas com um país democrático, na cidade de Middlesbrough[108], as portas das casas atribuídas aos refugiados foram quase todas pintadas de vermelho tornando-se, por isso, um alvo fácil para ataques de grupos xenófobos. Esta questão foi abordada numa investigação jornalística do The Times[109], no seguimento da qual o governo inglês mandou abrir um inquérito.

Por seu turno, a empresa Clearsprings Ready Homes, contratada pelo Ministério do Interior para gerir o alojamento e a manutenção dos refugiados Cardiff, País de Gales, apesar de não se estar na presença de gado para ser marcado[110], mas de seres humanos, optou pela distribuição de pulseiras identificativas com cores brilhantes[111] para que estes tenham direito às três refeições diárias. Este método, como não poderia deixar de ser, também tem estado no centro de alguns incidentes de cariz xenófobo.

No meio de todo este furacão prospera o crime organizado através do tráfico de seres humanos, tendo-se desenvolvido *"uma infraestrutura totalmente criminosa ao longo dos últimos 18 meses para explorar o fluxo migratório"*[112], a qual se presume que tenha feito desparecer cerca de 10 mil crianças de várias nacionalidades[113], com destino à exploração sexual, escravatura e mendicidade. António Guterres, antigo alto comissário das Nações Unidas para os Refugiados[114], afirmou que *"a única entidade que verdadeiramente gere esta situação são os contrabandistas e os traficantes, visto que a União Europeia e os Estados têm sido incapazes de gerir coletivamente esta situação. E o que temos tido é um caos no movimento das pessoas"*, prevendo o colapso do sistema europeu de asilo[115]. Ao mesmo tempo, a organização Médicos Sem Fronteiras[116] classifica a gestão desta crise como um "fracasso catastrófico" das instituições europeias e dos governos dos Estados-membros. Finalmente a Comissão Europeia apontou as suas baterias em direção à Grécia[117], por ter negligenciado o seu papel como elemento chave na gestão da fronteira externa do espaço Schengen.

Reitero o que escreveram Luísa Mascoli e Alexandra Ferreira[118], nomeadamente quando afirmaram que a chave do problema passa pela resolução do problema na origem, para evitar esta fuga desordenada em direção ao continente europeu; pela promoção de um efetivo controlo nos principais pontos de entrada na União Europeia, para evitar *"práticas abusivas"* de asilo, a vinda de terroristas no meio das hordas de refugiados, e a atividade das organizações criminosas que se dedicam ao tráfico de seres humanos; pela aceitação das regras de vivência em sociedade, não havendo *"lugar para quem não estiver disposto a isso"*[119], tudo dentro do quadro de direitos, liberdades e garantias, integrando sem se cair nalguns desvarios que começam a afetar vários países; e finalmente pela promoção de modelos de intervenção tendo em vista a inclusão.

Sousa dos Santos

5. Paixões e emoções violentas

A violência doméstica não distingue sexo, idade ou estrato social, incidindo na maior parte dos casos no cônjuge feminino, namoradas, crianças e idosos, sendo uma referência constante nos órgãos de comunicação social. A Associação Portuguesa de Apoio à Vítima conceptualiza-a[120] como *"qualquer conduta ou omissão de natureza criminal, reiterada e/ou intensa ou não, que inflija sofrimentos físicos, sexuais, psicológicos ou económicos, de modo direto ou indireto, a qualquer pessoa que resida habitualmente no mesmo espaço doméstico ou que, não residindo, seja cônjuge ou ex-cônjuge, companheiro/a ou ex-companheiro/a, namorado/a ou ex-namorado/a, ou progenitor de descendente comum, ou esteja, ou tivesse estado, em situação análoga; ou que seja ascendente ou descendente, por consanguinidade, adoção ou afinidade"*. Os dados mais recentes apontam para a morte de 400 mulheres nos últimos 11 anos[121] em contexto de violência doméstica, e segundo um estudo da União Europeia os custos relacionados com este fenómeno ascenderão a 109 mil milhões de euros, 0,8 % do PIB da União.

Um arcebispo espanhol, do alto da sua sapiência[122], declarou numa eucaristia dominical que a causa do problema está nas próprias mulheres. São mortas porque pedem o divórcio, advindo os maus tratos do facto delas não acatarem as exigências deles. Contudo, expressou a sua *«preocupação[123] pelos "assassínios violentos, massivamente cometidos por varões contra mulheres,*

27

esposas, ex-companheiras, em união afetiva ou divorciadas deles", considerando "estupendo" que haja "novos mecanismo de alerta"».

De facto, os episódios que são relatados assumem contornos dantescos, abrangem um vasto leque que vai desde o recurso a armas de fogo[124], explosivos[125] e até água a ferver[126], tal como as motivações são variadas (v.g. discussões, não aceitação da separação[127]). Pode parecer que são registos dignos de um qualquer país em guerra, mas não, isto passa-se em Portugal, um país da Europa e integrado na União Europeia, não obstante os planos de prevenção e combate[128], as múltiplas campanhas e os vários atores envolvidos, o que levou a Secretária de Estado da Igualdade e da Cidadania[129] a afirmar que é *"inaceitável que continuem a morrer mulheres"*, referindo que tem um *"plano de territorialização para levar serviços de apoio a vítimas ao interior do país".*

Mas, fora deste contexto, as mulheres, não raramente, são vítimas de ofensas sexuais que podem ocorrer à saída de um centro comercial[130], num descampado, na residência[131], ou num encontro com uma pessoa conhecida[132]. O perfil do violador varia entre alguém sem antecedentes criminais e que desconhece a vítima, procurando a gratificação sexual imediata; o agressivo consumidor de álcool e drogas que recorre a armas (fogo ou brancas) para ameaçar e intimidar; o delinquente que no seguimento de um roubo ou de um sequestro viola a vítima e finalmente aqueles que são inaptos perante a vida em geral; constituindo a violação um teste à sua competência sexual, uma forma de afirmação.

Por vezes somos levados a crer que apenas as mulheres são atingidas pelo flagelo da violência doméstica, mas não. Num estudo da Universidade do Minho[133] refere-se que em 2014 houve aproximadamente 6 mil denúncias de homens junto das autoridades, o que representa cerca de 20% do número total de casos de violência doméstica.

Depois, os idosos, maltratados física e psicologicamente nas instituições em que são acolhidos e pelos familiares que deveriam cuidar deles[134]. As descrições são verdadeiramente atrozes, numa delas o Ministério Público *«relata que os idosos viviam sob "insuficiência de cuidados assistenciais de enfermagem e de vigilância"*[135] *e estavam "subnutridos", além de a responsável pelo lar de terceira idade ordenar às funcionárias que dessem banho aos utentes "com vinagre, detergente da loiça ou lixívia"».* Noutra, uma filha terá agredido a mãe idosa e incendiado a casa[136]. E, numa outra em que as suspeitas recaem sobre o filho, um idoso foi encontrado deitado na cama, sem roupa e num exíguo quarto sem luz[137], com as pernas amarradas com um cinto, vindo a morrer depois de ter sido hospitalizado.

Como se isto não bastasse, quando chega o inverno são as principais vítimas de incêndios em habitações, por descuido[138], ou pelo estado de degradação em que estas se encontram[139]. Constituem, ainda, presa fácil para a prática de vários crimes, nomeadamente as burlas (falsa saída de circulação de notas[140]), os furtos, os roubos[141] (nalguns casos perpetrados com extrema violência, de onde resultam ofensas à integridade física[142] e homicídios[143]) e os crimes sexuais (violações[144]). Para prevenir este tipo de ilícitos, as forças de segurança têm vindo a desenvolver várias ações no âmbito do programa especial Programa Apoio 65 – Idoso em Segurança[145], numa delas a Guarda Nacional Republicana entregou calendários a idosos que vivem isolados[146], onde consta o número de telemóvel de um militar da Guarda, para, desta forma, facilitar o auxílio em caso de emergência. Em termos geográficos a Madeira encabeça a lista das zonas do país[147] com mais maus tratos a idosos. Por fim, é de salientar que a taxa de risco de pobreza entre os mais velhos[148] aumentou pelo segundo ano consecutivo, chegando aos 17,1%.

As crianças e os jovens também são alvo de ações ou omissões não acidentais perpetradas pelos pais[149], familiares[150], cuidadores ou outrem[151] (v.g. instituições[152] aos quais os cuidados das crianças ou jovens tenham sido entregues) pondo em causa a sua segurança, a dignidade, bem como o desenvolvimento biopsicossocial e afetivo. Os dados apontam para que a responsabilidade dos maus tratos seja dos pais em 45% dos casos[153].

De molde a permitir enfrentar a questão da violência doméstica, a Ordem dos Médicos abriu a *"possibilidade[154] de os médicos quebrarem o segredo profissional e efetuarem denúncias sempre que a integridade física da vítima possa estar em risco"*. Ao mesmo tempo, a Secretária de Estado para a Cidadania e a Igualdade,

Catarina Marcelino[155], anunciou para breve a criação de *"um grupo de trabalho com o Ministério da Educação para promover nas escolas competências que evitem comportamentos"* deste tipo. A Ministra da Justiça frisou que a proteção das vítimas é uma das preocupações do Governo[156], embora a lentidão da Justiça seja um dos pontos frágeis do sistema.

Conforme já se referiu, estamos perante um verdadeiro flagelo que pode atingir qualquer cidadão independentemente da sua condição social, sexo, idade, nacionalidade ou local de residência. Regista-se com agrado os avanços que se têm vindo a verificar nas várias dimensões da prevenção e da intervenção, bem patente num artigo, da autoria de Luísa Mascoli e Alexandra Ferreira, intitulado "A Gestão do Risco em Violência Doméstica[157]", através do qual se pretende dar a conhecer os procedimentos ao alcance dos investigadores criminais, em matéria da gestão do risco, em vítimas especialmente vulneráveis (crianças, idosos, adultos incapazes, LGBT, homens e mulheres) no âmbito do crime de violência doméstica, bem como na implementação de uma nova ficha para melhorar a avaliação de risco nesta matéria[158].

Contudo, os registos não dão margem para hesitações, e por isso tem que se apostar numa permanente procura de soluções para obviar à morte e ao sofrimento de milhares de pessoas que são afetadas de forma direta ou indireta por este tipo de violência, só nos últimos 14 anos, mais de 90 mil vítimas de violência doméstica recorreram à APAV [159].

Manuel Gomes

6. Delinquência juvenil

No Relatório de Segurança Interna de 2014[160] consta o registo de 2.393 participações relacionadas com delinquência juvenil, a qual engloba a prática por indivíduo comprovadamente menor e com uma idade compreendida entre os 12 e os 16 anos, de um facto qualificado pela lei como crime, nos termos previstos na Lei Tutelar Educativa[161].

Nos termos do n.º 2 do art.º 70.º da Constituição, *"a política de juventude deverá ter como objetivos prioritários o desenvolvimento da personalidade dos jovens, a criação de condições para a sua efetiva integração na vida ativa, o gosto pela criação livre e o sentido de serviço à comunidade"*, como a personalidade do jovem se encontra ainda em formação[162], *"o Estado tem o direito e o dever de intervir corretivamente neste processo sempre que ele, ao ofender valores essenciais da comunidade e as regras mínimas que regem a vida social, revele uma personalidade hostil ao dever-ser jurídico básico"*.

Pedro Moura Ferreira, num artigo publicado na Revista de Análise Social[163], afirma que *"num sentido amplo, a delinquência juvenil refere todo o tipo de infracção criminal que ocorre durante a infância e a adolescência. Num sentido mais restrito, a delinquência envolve o conjunto de respostas e de intervenções institucionais e legais em relação a menores que cometem infracções criminais ou que se encontram em situações ou exibem*

33

comportamentos potencialmente delinquentes, nomeadamente nos casos em que existe grave negligência familiar ou em que as crianças ou adolescentes revelam comportamentos desviantes e desajustados da realidade psicossocial do grupo etário a que pertencem.

Rui Abrunhosa Gonçalves e Teresa Braga[164], referem que *"a delinquência juvenil é um fenómeno cada vez mais preocupante na sociedade, assumindo uma crescente visibilidade e reconhecimento público. Em Portugal, particularmente durante as duas últimas décadas, temos sido frequentemente confrontados com notícias mediáticas de crianças e adolescentes a praticar atos de extrema violência".* Citam dois exemplos:

- O caso de um grupo de jovens que, no ano de 2006, agrediram ao longo de vários dias um sem-abrigo num prédio inacabado na cidade do Porto, acabando aquele por falecer.

- Em 2011, a agressão violenta de uma jovem por outras duas adolescentes, filmada e posteriormente partilhada numa rede social por uma das suas testemunhas, captou durante semanas a atenção da comunicação social e chocou a sociedade portuguesa.

Um estudo do Centro de Estudos Sociais da Universidade de Coimbra aponta para que um terço dos jovens da área metropolitana de Lisboa[165] acusados de crimes evocam problemas económicos graves como o fator ligado à prática desses atos, recorde-se que segundo dados do Instituto Nacional de Estatística[166] cerca de 495 mil trabalhadores portugueses (11%) vivem abaixo do limiar de pobreza, calculado em 422 euros por mês.

A Comissão de Acompanhamento e Fiscalização dos Centros Educativos[167] (CAFCE) apresentou um diagnóstico segundo o qual sistema de prevenção da delinquência juvenil não está a cumprir os objetivos, pois a maioria (três quartos) dos jovens que cometem crimes já estavam sinalizados. Aliás, a Direção Geral dos Serviços Prisionais e Reinserção Social (DGSPRS)[168] concluiu, em 2014, que 70% dos jovens entre os 12 e os 16 anos que cometeram crimes e foram internados em centros educativos já tinham passado por outras instituições do Estado, mas mantiveram o mau comportamento. Daí que se esteja a optar pela medida de acompanhamento educativo[169] ao invés do que vinha acontecendo do antecedente, em que havia uma nítida propensão para a aplicação da medida de internamento em centro educativo. Além disso, existirá uma estreita ligação entre as situações de perigo em criança e a delinquência juvenil[170], ou seja o percurso delinquente surge depois de uma situação de perigo sinalizada no sistema de proteção.

Já há algum tempo que a CAFCE[171] alertava para itens relativos aos internamentos nos centros de educação: o fechamento à comunidade, a exiguidade das respostas formativas e educativas, a homogeneidade da intervenção para rapazes e raparigas, o desconhecimento de facto dos contextos, o insuficiente trabalho nos contextos de origem, a não preparação da integração e a inexistências de respostas alternativas de integração no retorno à comunidade, a preparação dos técnicos profissionais, o seu modelo de recrutamento e a organização do trabalho, desfasamento entre a prática do ato e a decisão judicial, e o *follow-up*. Ao mesmo tempo que aludia ao denominado "percurso da desgraça", consubstanciado na pobreza, abandono, acolhimento, centro educativo, prisão. Para erradicar ou minorar os efeitos desta trajetória apelava ao envolvimento de diversos sectores da administração pública, nomeadamente: a justiça, educação, saúde e solidariedade social; ou seja uma resposta multissectorial e multidisciplinar.

Mas será que apenas os filhos dos pobres praticam ilícitos criminais? Claro que não. Só que estes conseguem fugir ao sistema, porque os seus pais, ou os familiares mais próximos, acabam por indemnizar as vítimas. Mas, este procedimento acaba por não resolver o problema pois o ilícito pode ser a expressão visível de ausências valorativas, educativas e de afeto[172], ou seja, do menor precisar de ser "educado para o Direito" ou de ser protegido.

Em todas as situações, a aposta deve ser numa intervenção o mais precoce possível, de cariz multissectorial e multidisciplinar, evitando-se o carreirismo criminal[173] com custos incalculáveis tanto para o delinquente como para a sociedade em geral.

Pedro Murta Castro

7. Pânico na estrada

Não obstante os sucessivos governos terem como prioridade o combate à sinistralidade rodoviária, existir uma Estratégia Nacional de Segurança Rodoviária, os vários programas de prevenção rodoviária, os constantes alertas lançados por diversos atores institucionais e não institucionais, o Código da Estrada ir na 18.ª versão sendo este complementado por vasto e intrincado complexo legislativo, os acidentes nas estradas portuguesas continuam a ceifar vidas e a deixar sequelas nos sobreviventes.

Os acidentes consubstanciam-se em acontecimentos não desejados ou não programados, repentinos, fortuitos, com efeitos indesejáveis e, por isso, suscetíveis de provocar danos de diversa ordem, podendo ocorrer num amplo espectro de atividades, designadamente nos transportes, na indústria e na área laboral.

O acidente rodoviário está relacionado com uma multiplicidade de fatores, tais como: o comportamento do condutor, o veículo (e o equipamento de que este dispõe), o meio envolvente e a infraestrutura. Devem ainda considerar-se os fatores sócio - culturais e ambientais. Define-se como uma ocorrência na via pública ou que nela tenha origem envolvendo pelo menos um veículo, do conhecimento das entidades fiscalizadoras (GNR, e PSP) e da qual resultem vítimas e/ou danos materiais.

De acordo com o último Relatório de Segurança Interna (RSI), 2014[174] foi o ano, desde a década de 50, em que se registou a mais baixa taxa de sinistralidade rodoviária, ao mesmo tempo que se registavam menos de 500 vítimas mortais, num processo de descendente iniciado em 2005, ano em que o número de mortos nas estradas portuguesas se cifrou em 988[175].

Esta tendência parece manter-se em 2015[176], ano em que apesar do número de acidentes rodoviários ter sofrido um aumento de quase cinco por cento em relação ao ano anterior (122.800 acidentes), o número de mortos foi menor (478 - menos quatro que em 2014).

As infrações detetadas pelas forças de segurança são várias. Vão, nomeadamente desde a falta de habilitação legal para conduzir, passando pela condução sob efeito do álcool e substâncias psicotrópicas, as manobras perigosas[177], a velocidade excessiva e o excesso de velocidade[178], o cansaço[179], até ao uso desenfreado do telemóvel[180], sendo que neste caso em 3 segundos percorre-se a distância de um campo de futebol[181].

Segundo os serviços prisionais[182], em 2014, estavam em reclusão 896 cidadãos devido à falta de habilitação legal para conduzir, um número inferior a 2013 quando estavam nas prisões portuguesas, 1129 presos pelo mesmo ilícito[183]. O que não é de estranhar porque as referências na imprensa são constantes, havendo relatos de quem conduz há dezenas de anos nesta situação motociclos[184], veículos ligeiros[185], veículos pesados[186], e mesmo veículos policiais[187] ou de socorro[188]. O RSI 2014[189] refere a participação de 9767 casos.

O mesmo se passando em relação à condução sob efeito do álcool e substâncias psicotrópicas, estando em 2014 nas prisões portuguesas 258 cidadãos[190]. Além disso em 2015, 40% dos condutores mortos em acidentes de viação tinham álcool no sangue[191]. No decurso de operações de fiscalização[192] ou na sequência de acidentes[193] são encontrados, com bastante frequência, condutores com taxas de alcoolemia acima do que é permitido nos termos da legislação em vigor. No RSI 2014[194] consta a participação de 20.752 casos com uma taxa igual ou superior a 1,2 g/l.

No que concerne às restantes infrações, não se pense que as forças de segurança assistem impávidas e serenas a este panorama, porque em 2015 as receitas arrecadas com coimas de trânsito atingiram os 89,9 milhões de euros [195], um crescimento de 30,7%[196] relativamente a 2014, o que corresponde a uma receita superior a 10 mil euros por hora ou 240 mil euros por dia[197].

Depois, ainda há que contar com as condições da via, ou seja as infraestruturas[198], as quais nem sempre se encontram num estado de conservação aceitável, com sinalização inadequada ou inexistente, sem iluminação, ou então não são as mais adequadas em termos de piso ou de traçado[199]. Ao que ainda temos de adicionar os obstáculos inopinados[200] e o estado geral dos veículos, o qual tem melhorado significativamente fruto da implementação da inspeção periódica obrigatória[201] e da renovação do parque automóvel[202].

A este propósito, considero de extremo interesse um artigo da autoria de Nuno Salpico, sobre *"o condutor e os defeitos da estrada*[203]*"*, tendo por base a responsabilidade civil e acidentes de viação – discussão do concurso de culpas nos tribunais judiciais e administrativos. Afirmando, logo, na parte introdutória que *"em Portugal a discussão jurídica da responsabilidade emergente de acidentes de viação, ainda não conseguiu libertar-se do dogma da culpa do condutor ou dos riscos próprios do veículo como causas exclusivas e explicativas da sinistralidade em Portugal". Como consequência, a Justiça definha nesses pobres limites empíricos, sem que na apreciação judicial das causas dos sinistros se estudem os múltiplos fatores que derivam dos defeitos da via, quase sempre presentes na pesada sinistralidade que atinge a sociedade portuguesa.*

Assim, para que se continue na senda da diminuição da sinistralidade, de molde a que Portugal se torne uma referência nesta matéria, além de tudo o que tem vindo a ser feito, deve-se apostar numa efetiva educação rodoviária desde os bancos da escola para que tenhamos cidadãos condutores responsáveis nas estradas portuguesas. Por outro lado, tendo em conta o papel desempenhado pelas vias rodoviárias em várias vertentes, estas têm de ser um alvo de uma atenção permanente por parte das entidades responsáveis aquando da sua conceção, construção, e posteriormente mantendo, conservando e corrigindo-se sem delongas as incorreções detetadas, para que não contribuam para aumentar o número de vítimas. As vias rodoviárias servem para outros fins que não apenas as cobranças de taxas[204] por acesso a propriedades particulares ou de portagens[205].

L. M. Cabeço

8. Ambiente

Em Portugal a política de ambiente[206] visa a efetivação dos direitos ambientais através da promoção do desenvolvimento sustentável, suportada na gestão adequada do ambiente, em particular dos ecossistemas e dos recursos naturais, contribuindo para o desenvolvimento de uma sociedade de baixo carbono e uma «economia verde», racional e eficiente na utilização dos recursos naturais, que assegure o bem-estar e a melhoria progressiva da qualidade de vida dos cidadãos, competindo ao Estado a realização desta política.

Por sua vez, o direito ao ambiente consiste no direito de defesa contra qualquer agressão à esfera constitucional e internacionalmente protegida de cada cidadão, bem como o poder de exigir de entidades públicas e privadas o cumprimento dos deveres e das obrigações, em matéria ambiental, a que se encontram vinculadas nos termos da lei e do direito. Este direito está indissociavelmente ligado ao dever de o proteger, de o preservar e de o respeitar, de forma a assegurar o desenvolvimento sustentável a longo prazo, nomeadamente para as gerações futuras.

Fruto da crescente urbanização e da sua conexão com a sociedade de consumo, onde se produz e se tem acesso a uma grande diversidade de produtos, geram-se, diariamente, milhões de toneladas de resíduos. Em desobediência aos critérios estabelecidos para o efeito, é relativamente frequente encontrar resíduos, da mais variada tipologia, abandonados nos locais mais díspares, designadamente nos leitos de linhas de água, junto à costa, nas florestas, campos agrícolas, subúrbios das grandes cidades, praias, provocando danos estéticos, económicos, ecológicos, e sanitários.

Uma das temáticas relacionadas com o ambiente que mais tem vindo a ser badalada é a remoção do amianto e respetivos resíduos que durante anos foi utilizado na construção civil para vários fins[207]:

- Pavimentos;

- Placas de teto falso;

- Produtos e materiais de revestimento e enchimento;

- Portas corta-fogo;

- Portas de courettes;

- Paredes divisórias pré-fabricadas;

- Elementos pré-fabricados constituídos por fibrocimento;

- Tijolos refratários;

- Telhas;

- Pintura texturizada;

- Caldeiras (revestimentos e apoios);

- Impermeabilização de coberturas e caleiras;

- Isolamento de tubagens de água quente;

- Isolamento de antigos aquecedores domésticos;

- Isolamento de fogões;

- Materiais de isolamento de tetos.

De acordo com dados da Direção Geral de Saúde, as doenças relacionadas com o amianto[208] terão vitimado pelo menos 231 pessoas em Portugal entre 2007 e 2012. O que se traduz numa média anual de 39 mortes, destas 36 terão sido provocadas por mesotelioma[209], um cancro raro que está associado à inalação de fibras de amianto e três por abestose[210] (inflamação crónica dos pulmões). A nível mundial, a Organização Mundial de Saúde[211] refere que cerca de 125 milhões de pessoas estão expostas ao amianto no local de trabalho, resultando daí 107.000 mil mortos por ano[212]. No plano interno, um dos casos mais badalado refere-se à Direção Geral de Energia e Geologia[213], a qual ocupa um edifício com amianto[214], e onde num total 120 funcionários, foram detetados 19 casos de cancro, nove dos quais tiveram já consequências mortais, estando a decorrer a nível nacional uma inventariação dos edifícios com amianto[215].

Este tipo de material foi profusamente utilizado nas escolas, tendo o ministro da Educação garantido[216] que até ao final do próximo ano letivo, se irá proceder às obras prioritárias para remoção do amianto. Para tal, está-se, neste momento, numa fase de catalogação do grau de prioridade das intervenções necessárias[217]. Esta situação tem estado na génese de alguns protestos[218] pela morosidade do processo.

Muitas vezes, quando procuramos encher os pulmões de ar puro numa floresta, pescamos num curso de água, ou circulamos numa qualquer estrada, podemos tropeçar nos resíduos de um equipamento elétrico ou eletrónico abandonado, pois o mercado continua em expansão e os ciclos de inovação são cada vez mais curtos, pelo que a substituição dos equipamentos é mais acelerada. Apesar de ter vindo a diminuir a utilização nestes equipamentos de várias substâncias nocivas, nomeadamente o mercúrio, o cádmio, o chumbo, o crómio hexavalente, os policlorobifenilos (PCB) e outras que destroem o ozono, continuarão presentes o ambiente durante muitos anos. Além disso, a ausência de reciclagem determina a perda de recursos valiosos.

Na arquitetura da gestão destes resíduos[219] está prevista a criação de um Centro de Coordenação e Registo[220], que já deveria estar a funcionar desde maio passado, o que pode implicar o pagamento, mais uma vez, de multa pelo Estado português, tendo o Ministro do Ambiente afirmado, a este propósito, que Portugal vai cumprir as obrigações[221] de informação à Comissão Europeia sobre recolha e tratamento dos resíduos de aparelhos elétricos e adotar as medidas necessárias para a sua correta gestão. Mas acima de tudo, a falta de implementação de todas as medidas previstas têm impacto na prevenção destes resíduos, na reutilização, reciclagem e outras formas de valorização e na corresponsabilização dos intervenientes, designadamente os produtores, distribuidores, utilizadores e os operadores. Em relação a um outro tipo de resíduos, mas inserindo-se no domínio da reciclagem e valorização, é de realçar uma investigação realizada em Portugal que abre portas à produção de detergentes amigos do ambiente[222] e menos tóxicos que os derivados do petróleo, a partir de materiais como lenhocelulose e açucares encontrados no lixo.

A existência de água constitui uma marca distintiva da Terra em relação aos outros planetas do sistema solar, sendo *"o líquido vital por excelência, sem o qual não há vida"*[223] . Os recursos hídricos ocupam 71% da superfície terrestre, estando aproximadamente 97% no mar, pelo que apenas 3% correspondem a água doce. Destes 3%, 79% estão concentrados na forma de gelo, 20 % são águas subterrâneas e apenas 1% corresponde às águas superficiais, aos rios, lagos, vapor de água, humidade do solo e à água contida nos seres vivos, havendo zonas do globo que se debatem com sérios problemas de falta de água (v.g. Médio Oriente, Oeste dos EUA, México, Chile, Argentina, Austrália). Este problema está relacionado com três vetores: distribuição espacial (variação da precipitação de local para local), temporal (duração da precipitação ao longo do ano) e populacional (quantidade de população existente na superfície terrestre). Numa fatia significativa do globo, onde se insere o norte de África, Médio Oriente, Ásia Central, interior da China, Oeste dos EUA, Noroeste do México, parte do Chile, da Argentina e da Austrália, a precipitação caracteriza-se pela escassez, pouca duração e variabilidade interanual.

A escassez é agravada, pelas alterações climáticas e consequente diminuição de chuvas em muitas regiões[224], pelo crescimento demográfico, pelo aumento do nível das águas do mar[225], pela concentração em grandes aglomerados populacionais e consequente utilização doméstica deste líquido quer pela industrialização, quer pela agricultura intensiva, ao que acresce a poluição daí resultante, o que se traduz numa alteração da permeabilidade dos solos, na sua contaminação pelos resíduos resultantes destas atividades, bem como pelos esgotos não tratados de origem humana e animal. Por isso, existem duas vertentes que nunca devem ser dissociadas, dado que constituem condição de sobrevivência da humanidade, por um lado, a procura de um equilíbrio entre as atividades humanas e a defesa dos recursos hídricos e por outro, a existência de um conjunto de instrumentos que permitam um efetivo ordenamento do território.

No caso das águas residuais urbanas, a sua eliminação, desde que não seja acompanhada do adequado tratamento, constitui uma ameaça ambiental[226]. O lançamento destas águas nos sistemas coletores, bem como a sua eliminação e a das lamas provenientes das estações de tratamento, devem estar sujeitos a regras gerais ou regulamentações e/ou a autorizações específicas. Por sua vez, as descargas de águas residuais industriais biodegradáveis, provenientes de determinados sectores industriais que não passem por estações de tratamento de águas residuais urbanas antes da sua descarga em águas recetoras, devem ser sujeitas a requisitos adequados. No que concerne às lamas a opção passa, cada vez mais, pela sua reciclagem em detrimento do lançamento em águas superficiais. A fim de garantir a proteção do ambiente contra os efeitos nocivos da descarga de águas residuais torna-se necessário manter um controlo contínuo das estações de tratamento das águas recetoras e do lançamento de lamas, e ao mesmo tempo garantir a informação do público em geral sobre esta temática.

Acerca desta questão, o Tribunal de Justiça da União Europeia[227] declarou recentemente que Portugal não cumpre a legislação europeia de tratamento de águas residuais em 44 locais do país[228], onde ocorrem descargas em água doce e estuários de águas residuais urbanas a partir de sistemas coletores de locais com 2.000 a 10.000 pessoas não sujeitas a um tratamento secundário ou processo equivalente, estando neste momento na calha duas sanções pecuniárias[229], uma fixa, de 3 milhões de euros, e outra diária, de 10 mil euros, até ao pleno cumprimento da lei.

Os sintomas da gravidade da questão são vários, mas basta referir que desde o início do séc. XVIII até 1990, o consumo de água doce no mundo cresceu quarenta vezes; e entre 1990 e 1995, o caudal de água doce, extraído anualmente, passou de 579 mil milhões para 3,765 biliões de metros cúbicos. A quantidade de água doce extraída varia de local para local, assim, enquanto nos EUA, durante o ano 2000 se extraíram 1932 metros cúbicos por habitante, em França esse montante ascendeu a 675 metros cúbicos, e nos países da África Central apenas 10 metros cúbicos. Um caso emblemático de problemas relacionados com a distribuição de água para consumo humano é o que ocorreu, no estado do Michigan - EUA, na cidade de Flint[230], onde em 2014 devido a questões financeiras um gestor tentou meter as contas em ordem. Para tal, optou-se pelo abastecimento direto de água no rio[231], sem recurso a qualquer sistema de filtragem e tratamento, passando os cidadãos a consumir um líquido acastanhado com uma mistura de vários poluentes, toxinas e metais pesados, um verdadeiro lixo tóxico associado a um quadro sintomático variado (alergias na pele, dores de cabeça, cancro, anemias e queda de cabelo). A situação só voltou à normalidade quando o abastecimento de água foi ligado à rede com o tratamento adequado.

Em relação aos oceanos, estes, além de ocuparem uma parte significativa da superfície terrestre, de deterem quase em exclusivo as reservas de água do planeta, e de serem um dos atores principais do ciclo da água, constituem uma importante fonte de alimentos e de energia[232], ao mesmo tempo que servem de vazadouro para muitos dos resíduos da atividade humana. Fruto da industrialização da pesca, cuja expressão máxima se consubstancia nos *"navios fábrica"*, os stoks de peixe, tanto junto à costa, como no alto mar tem tendência para diminuírem, não obstante algumas medidas tomadas em sentido contrário. Isto tem levado ao surgimento de alguns fenómenos, em termos de biodiversidade marinha, por um lado a proliferação de alforrecas graças ao decréscimo dos seus predadores naturais (atum e espadarte) originado pela pesca excessiva e pelo aquecimento e acidificação das águas, e por outro ao aparecimento das marés vermelhas, as quais terão na sua base a poluição oceânica resultante dos esgotos urbanos (domésticos, industriais), dos sedimentos provenientes da agricultura, das atividades mineiras, dos produtos persistentes, dos pesticidas, detergentes, metais pesados, dos derrames do petróleo no mar, dos plásticos e dos isótopos radioativos. A maior parte destes poluentes têm origem terrestre, concentrando-se na orla costeira, nos mares interiores e junto às áreas de elevada densidade populacional, pois 40% da população mundial habita numa faixa de 100 km de largura que acompanha a orla costeira. À destruição da biodiversidade aí existente, à poluição, e à erosão, junta-se o aumento do nível médio das águas do mar. No caso concreto dos recursos piscícolas, um estudo australiano aponta para que em meados deste século[233], os elevados níveis de dióxido de carbono (CO_2)[234] na água do oceano podem deixar os peixes *"intoxicados"* e desorientados.

Nestas matérias, o caminho passa inevitavelmente pela sensibilização permanente e acutilante dos cidadãos, pela utilização dos recursos de forma mais eficiente, pela erradicação de comportamentos inúteis e prejudiciais, e por uma compatibilização entre a vertente económica e ambiental. De outra forma estaremos a por em causa a sobrevivência da Humanidade.

Aurora Augusta

9. Assuntos secretos

O Sistema de Informações da República Portuguesa[235] é composto por dois serviços de informações, o Serviço de Informações Estratégicas de Defesa (SIED) e o Serviço de Informações de Segurança (SIS). A estes serviços incumbe assegurar, no respeito da Constituição e da lei, a produção de informações necessárias à preservação da segurança interna e externa, bem como à independência e interesses nacionais e à unidade e integridade do Estado.

O SIED detém a exclusividade da produção de informações que contribuam para a salvaguarda da independência nacional, dos interesses nacionais e da segurança externa do Estado Português. Por sua vez, o SIS integra o elenco das Forças e Serviços de Segurança previstos na Lei de Segurança Interna, sendo o único organismo incumbido da produção de informações que contribuam para a salvaguarda da segurança interna e a prevenção da sabotagem, do terrorismo, da espionagem e a prática de atos que, pela sua natureza, possam alterar ou destruir o Estado de direito constitucionalmente estabelecido.

Para tal, os serviços de informações têm o direito de acesso a áreas públicas e privadas de acesso público, bem como a informação e registos relevantes para a prossecução das suas competências, dispondo de centros de dados para processar e conservar em arquivo magnético ou outro os dados e informações relativos às respetivas atribuições. Além disso, aos funcionários e agentes operacionais pode ser atribuída uma identidade alternativa, o que é aplicado com as devidas adaptações aos meios materiais e equipamentos utilizados (v.g. viaturas).

A partir de finais de julho de 2011 sucessivas rajadas de notícias, relacionadas com alegadas fugas de informações nos serviços de informações portugueses[236], fustigaram a sociedade portuguesa. Desde logo se começou a levantar a hipótese de alterar o quadro legal que regula este sector, incidindo em diversos aspetos, tais as incompatibilidades, impedimentos, recrutamento, nomeações, fiscalização, tendo em vista a correção das distorções detetadas, através da prevenção e da repressão de determinado tipo de abusos suscetíveis de afetar a legalidade democrática e o Estado de Direito.

Nesta senda, depois de percorrido o intrincado processo legislativo que está sempre associado a este tipo de matérias, devido à sua sensibilidade, foram publicados os seguintes diplomas:

- Lei Orgânica n.º 4/2014, de 13 de agosto que altera a Lei n.º 30/84, de 5 de setembro, a qual aprova a Lei-Quadro do Sistema de Informações da República Portuguesa, nos artigos 2.º, 8.º, 9.º, 13.º, 15.º, 19.º, 26.º, 28.º, 30.º, 32.º e 33.º, republicando a mesma em anexo.

53

- Lei n.º 50/2014, de 13 de agosto, a qual altera a Lei n.º 9/2007, de 19 de fevereiro, que estabelece a orgânica do Secretário-Geral do Sistema de Informações da República Portuguesa, do Serviço de Informações Estratégicas de Defesa (SIED) e do Serviço de Informações de Segurança (SIS) e revoga os Decretos-Leis n.ºs 225/85, de 4 de julho e 254/95, de 30 de setembro.

Em 2015 o legislador voltou à carga iniciando-se mais um processo de revisão[237] que gerou alguma turbulência, esgrimindo-se opiniões diversas, sobretudo em torno da questão do acesso a determinado tipo de dados, a cuja génese não será estranha a publicação da Estratégia Nacional de Combate ao Terrorismo[238], onde foi dado particular enfâse ao reforço dos meios de produção, tratamento e análise de informações, e dos mecanismos adequados à cooperação institucional entre o Sistema de Informações da República Portuguesa e o Sistema de Segurança Interna, de modo a garantir a partilha de informação. Além disso, nesta revisão, consagrava-se a orgânica do Secretário-Geral, das Estruturas Comuns e dos dois serviços de informações, o âmbito, natureza e finalidades do SIRP, os princípios gerais que devem nortear a atividade de produção de informações, os órgãos de fiscalização externa, bem como o estatuto de pessoal do SIRP.

Os entraves não tardaram a surgir nas brumas do horizonte. Desde logo, a Comissão Nacional de Proteção de

Dados[239] considerou que o diploma violava a Constituição da República, a Convenção Europeia dos Direitos do Homem e a Carta dos Direitos Fundamentais da União Europeia[240]. Por sua vez o Conselho Superior da Magistratura[241] entendeu que a atividade dos serviços de informações passava a entrar na área da investigação criminal e que ao permitir o acesso a determinadas informações se estaria a violar o art.º 34.º n.º 4 da Constituição. Rui Pereira, num artigo escrito no CM[242] considerou que *"para além de não existir obstáculo constitucional, a medida já foi consagrada em toda a Europa e é necessária para prevenir o terrorismo"*. Posição diversa tem Alberto Pinto Monteiro[243], conforme fez questão de expressar no jornal Público, onde afirmou que *"os serviços de informação não têm competência para investigação criminal. O Governo pretende dotá-los de meios que o TJUE declarou inválidos na investigação criminal"*.

No âmbito da dinâmica do processo legislativo, quando o diploma chegou ao Presidente da República, este requereu ao Tribunal Constitucional a fiscalização preventiva da constitucionalidade[244] da norma constante do n.º 2 do artigo 78.º do Decreto n.º 426/XII da Assembleia da República, que «Aprova o Regime Jurídico do Sistema de Informações da República Portuguesa», tendo o Tribunal Constitucional[245] através do Acórdão n.º 403/2015, de 27/08/2015[246], se pronunciado pela inconstitucionalidade com base na desconformidade com a proibição de ingerência nas comunicações, consagrada no artigo 34.º, n.º 4 da Constituição. Isto porque *"entendeu que o preceito sindicado – na medida em que permite que os oficiais dos Serviços de Informações da República Portuguesa possam aceder a dados de tráfego, de localização ou outros dados conexos das comunicações, mediante a autorização prévia da Comissão de Controlo Prévio – comporta uma ingerência nas telecomunicações proibida pelo n.º 4 do artigo 34.º da Constituição"*, considerando ainda que *"a autorização prévia e obrigatória da Comissão de Controlo Prévio não equivale ao controlo existente no processo criminal"*.

Desde há muito tempo que uma das questões mais controversas associadas aos serviços de informações é o impedimento de realização de escutas telefónicas, dado que não podem desenvolver atividades que envolvam ameaça ou ofensa aos direitos, liberdades e garantias consignados na Constituição e na lei, sendo-lhes vedado exercer poderes, praticar atos ou desenvolver atividades do âmbito ou da competência específica dos tribunais, do Ministério Público ou das entidades com funções policiais, e expressamente proibido proceder à detenção de qualquer pessoa ou instruir inquéritos e processos penais. Um dos mais acérrimos defensores do recurso às escutas pelos serviços de informações é Rui Pereira[247] que amiúde tem vindo, em diversos fóruns, a defender esta posição, o qual, recentemente, num artigo de opinião, voltou à carga afirmando que[248] *"nós por cá, numa Pátria com novecentos anos, às vezes fatigada de existir, discutimos se os serviços de informações devem aceder a registos de comunicações para prevenir os atentados"*. Esta opção também chegou a ser defendida pela própria Ministra da Justiça[249] do anterior executivo, hipótese que não é muito bem vista pelos quadros da Polícia Judiciária[250]. Acerca deste tema ainda se pronunciou a ex-Ministra da Administração Interna[251], tendo afirmado que essa *"é uma matéria que não está em cima da mesa"* e que *"exigiria revisão constitucional"*. A este propósito, Jorge Silva Carvalho, ex-diretor do Serviço de Informações Estratégicas e Defesa (SIED)[252], admitiu recentemente que acedeu aos registos telefónicos de um jornalista, dizendo que isso era o *"modus operandi"* das secretas, apesar de ser proibido por lei, o que de imediato foi classificado por diversos constitucionalistas[253] de *"muito grave"*, *"alarmante"* e *"uma violação gravíssima do Estado de Direito"*.

Está a decorrer o julgamento denominado "Caso das Secretas"[254], que teve origem em suspeitas de acesso ilegal à faturação detalhada do telefone do jornalista Nuno Simas que envolve o ex-diretor do SIED, Jorge Silva Carvalho, o presidente da Ongoing, Nuno Vasconcellos e um funcionário do SIED, João Luís, por violação do segredo de Estado, corrupção e abuso de poder, bem como um agente do Serviço de Informações de Segurança (SIS), Nuno Dias, e a sua companheira, ex-funcionária da Optimus, Filomena Teixeira por acesso ilegal de dados, acesso ilegal agravado e violação do segredo profissional. Nuno Vasconcellos terá contratado Jorge Silva Carvalho para a Ongoing, para aceder a informação privilegiada relevante para este grupo empresarial através dos Serviços de Informações, tema que não foi pacífico porque James Edward Risso-Gill,antigo administrador não executivo da Ongoing[255], foi contra a admissão de Jorge Silva Carvalho, pois previa que isso iria trazer problemas. Chegou a constar que o Governo de Passos Coelho quis regresso de Silva Carvalho ao SIED[256], facto que veio a ser confirmado em julgamento por Nuno Vasconcellos, por ser muito preciso para a Nação.

Em julgamento, Nuno Vasconcellos negou o acesso a informação privilegiada[257], nunca tendo pedido nenhuma informação a Jorge Silva Carvalho ou a qualquer outra pessoa pertencente a uma entidade estatal. No decurso das várias sessões de julgamento, como não poderia deixar de ser, foi levantada a questão do acesso a dados de operadoras de telecomunicações.

No decurso do seu interrogatório, o arguido João Luís, ex-funcionário das secretas (SIS e SIED), onde esteve durante 27 anos[258], revelou que é prática comum este tipo de acesso; prosseguiu, afirmando que os serviços de informações têm meios que permitem escutas e levar a cabo seguimentos e vigilâncias, caso contrário não passariam de um gabinete de estudos ou de um grupo de analistas. Além disso, referiu que os serviços de informações possuem "fontes humanas"[259] colocadas em pontos fulcrais que permitem aceder a dados nos bancos, finanças, operadoras de telecomunicações e na Segurança

Social, constando esta prática do manual de procedimentos[260] que serve para dar formação aos novos agentes.

Confrontado com este panorama, o presidente do Conselho de Fiscalização do Sistema de Informações da República Portuguesa (CFSIRP) declarou que "nunca teve suspeitas concretas"[261] de que os serviços de informações realizassem escutas telefónicas ou acedessem à faturação detalhada das chamadas, sublinhando a necessidade[262] do "reforço dos serviços em matéria de recursos humanos e materiais". O CFSIRP[263] acompanha e fiscaliza a atividade do Secretário-Geral e dos serviços de informações, velando pelo cumprimento da Constituição e da lei, particularmente do regime de direitos, liberdades e garantias fundamentais dos cidadãos.

O diretor do Serviço de Informações Estratégicas de Defesa (SIED), José Casimiro Morgado[264], ao ser ouvido declarou que os serviços de informações são "uma estrutura hierarquizada, na qual as pessoas cumprem ordens", mas que as "ordens são sempre questionáveis", embora seja frequente os funcionários cumprirem ordens sem terem a perceção das implicações e do "quadro completo" da tarefa, mostrando-se surpreendido e chocado com a imagem de associação de malfeitores que se tenta colar a estes serviços.

Rui Pereira quando ouvido, assegurou que enquanto esteve nestes serviços[265] *"sempre procurou estabelecer a fronteira entre o que era permitido e o que era proibido"*, o que é fundamental para que os agentes se sintam confortáveis no desempenho da sua missão, daí que tenha colocado à frente dos serviços magistrados qualificados. Admitiu a ultrapassagem dos limites da legalidade, o que é justificável com recurso à legítima defesa ou ao estado de necessidade, considerando ainda que os serviços de informações podem realizar "*ações encobertas*".

Perante este quadro, a procuradora Teresa Almeida extraiu certidão[266] das declarações do arguido João Luís para abertura de inquérito sobre alegadas práticas ilegais dos serviços de informações. Por sua vez, o coletivo que julga o caso vai avançar com pedidos de levantamento do Segredo de Estado[267] sobre matérias relacionadas com a atividade dos serviços de informações, para que o primeiro-ministro desclassifique o Manual de Procedimentos e relatórios internos, dizendo que são matérias com "relevância para o exercício dos direitos de defesa" dos arguidos.

Não obstante toda esta polémica, secretário-geral do SIRP foi condecorado pelo reino de Espanha com a grã-cruz da ordem da rainha Isabel a Católica[268], tal distinção representa o reconhecimento e o apreço por parte das mais altas autoridades do país vizinho pela qualidade do trabalho dos serviços de informações portugueses e pela excelente colaboração estabelecida com os nossos homólogos espanhóis no combate a ameaças comuns a ambos os países.

Para que se torne possível a vivência em sociedade, num clima de liberdade e segurança, torna-se imprescindível a existência de serviços de informações, para prevenir e detetar ameaças, neutralizando-as numa fase embrionária ou à nascença, recolhendo dados sobre riscos reais ou potenciais.

Contudo, deve-se evitar um clima de promiscuidade entre o *"público e o privado"*, não obstante os serviços de informações serem indispensáveis na recolha e processamento de dados, dentro do seu espaço de atuação, designadamente, no âmbito da salvaguarda da independência nacional e dos interesses nacionais; nunca se perdendo de vista que a independência tem uma tripla dimensão: política, cultural e económico-social, assumindo a economia uma papel cada vez mais preponderante na sua salvaguarda e que os interesses nacionais abrangem os interesses económicos de Portugal e das suas empresas no estrangeiro. Para tal, nada melhor do que a clarificação do tal conceito de *"fronteira entre o proibido e permitido"*.

Para fazer face às ameaças do mundo atual, os serviços de informações têm que dispor de meios tecnológicos adequados ao desempenho das suas atribuições, sob pena de caírem na inoperacionalidade e no descrédito perante os cidadãos e entre os seus pares. Pois, conforme afirmou Pedro Cardoso, a qualidade da ação política de um país depende em larga medida do rigor dos conhecimentos em que se baseia e uma parte muito significativa desse conhecimento é obtida através dos serviços de Informações de que o país disponha[269].

Além disso, deve-se afastar a tal imagem de uma *"associação de malfeitores"* relacionada com o facto de as informações ainda serem consideradas, por alguns setores, como um meio pouco claro ou clandestino, em parte devido à longa tradição de polícia política, onde confluía a produção de informações, a manutenção da ordem pública, a investigação criminal e a direção do processo penal, e, não como uma forma de produção de *"conhecimento que contribui para a garantia da identidade nacional, da integridade territorial, da soberania e da segurança nacionais, significando conhecimento profundo completo e abrangente"*[270].

J. Souto

NOTAS

---

[1] Disponível em http://www.gestaodefraude.eu/wordpress/

[2] Disponível em
http://www.jn.pt/PaginaInicial/Justica/Interior.aspx?content_id=4960136

[3] Disponível em http://www.dinheirovivo.pt/banca/banca-denuncia-3865-operacoes-suspeitas-de-lavagem-de-dinheiro-em-2015/

[4] Disponível em http://dciap.pgr.pt/DCIAP_index.html

[5] Disponível em http://www.dinheirovivo.pt/banca/dciap-recebe-4376-denuncias-anonimas-de-crimes-economicos/

[6] Disponível em https://www.bportugal.pt/pt-PT/Paginas/inicio.aspx

[7] Disponível em
http://www.cmjornal.xl.pt/exclusivos/detalhe/pao_e_pizzas_servem_para_lavar_dinheiro.html

[8] Disponível em http://sicnoticias.sapo.pt/pais/2016-01-05-Antigo-gerente-do-Montepio-acusado-de-ter-lesado-o-banco-em-6-M

[9] Disponível em
http://www.jn.pt/PaginaInicial/Justica/Interior.aspx?content_id=4565636

[10] Disponível em
http://www.cmjornal.xl.pt/nacional/portugal/detalhe/pj_deteve_funcionario_bancario_em_seia_por_peculato.html

[11] Disponível em http://segurancaecienciasforenses.com/2016/01/19/fraude-na-saude/

[12] Disponível em https://www.publico.pt/sociedade/noticia/fraude-na-saude-e-endemica-reconhece-adalberto-campos-fernandes-1716938

[13] http://www.dn.pt/portugal/interior/funcionario-publico-detido-por-corrupcao-4981936.html

[14] Disponível em http://www.dn.pt/portugal/interior/o-amigo-do-cunhado-o-genro-e-outras-historias-de-cunhas-4993185.html

[15] Disponível em http://www.tsf.pt/sociedade/justica/interior/pgr-e-pj-confirmam-suspeitas-de-crimes-nos-contratos-aereos-5006248.html

[16] Disponível em
http://www.ministeriopublico.pt/sites/default/files/documentos/pdf/nota_para_comunicacao_social_crim_financeira_buscas.pdf

[17] Disponível em https://www.publico.pt/sociedade/noticia/suspeitas-de-corrupcao-levam-pj-a-casa-de-um-director-da-proteccao-civil-1721857

[18] Decorre um processo na IGAI acerca das avarias nos helicópteros Kamov utilizados na proteção e socorro pela ANPC.

[19] Disponível em http://www.tcontas.pt/pt/actos/rel_auditoria/2016/2s/audit-dgtc-rel001-2016-2s.pdf

[20] Disponível em http://www.dn.pt/portugal/interior/protecao-civil-nao-controla-dinheiro-que-da-aos-bombeiros-5004672.html

[21] Disponível em http://www.transparency.org/cpi2015

[22] Disponível em
http://www.ionline.pt/artigo/493122/corrupcoes?seccao=Opiniao_i

[23] MAIA, António João Marques, Os números da corrupção em Portugal, Branqueamento de Capitais, in Polícia e Justiça, III Série, Coimbra Editora, Coimbra, 2004, p. 83.

[24] ROSE-ACKERMAN, Susan, Corrupção e Governo, Prefácio, Lisboa, 2002. Sobre esta questão é de inquestionável interesse os Relatórios GRECO.

[25] Savaniano, Roberto, ZeroZeroZero, Objetiva, Lisboa, 2014.

[26] Disponível em http://observador.pt/2016/01/08/detido-el-chapo-guzman-maior-narcotraficante-do-mexico-apanhado/

[27] Disponível em http://observador.pt/2016/01/13/del-castillo-as-outras-mulheres-sao-elas-fraqueza-el-chapo/

[28] Disponível em http://observador.pt/2016/01/19/ninguem-tira-os-olhos-el-chapo-na-prisao/

[29] Disponível em http://www.dn.pt/mundo/interior/-mexico-aceita-extraditar-o-narcotraficante-el-chapo-para-os-eua-4972025.html

[30] Disponível em https://www.publico.pt/mundo/noticia/mexico-conta-em-video-como-el-chapo-foi-capturado-1721631

[31] Disponível em https://www.europol.europa.eu/sites/default/files/publications/italian_organised_crime_threat_assessment_0.pdf

[32] Segundo Roberto Saviano a árvore da Ndrangheta cobre quase o mundo inteiro.

[33] Disponível em https://www.publico.pt/mundo/noticia/policia-italiana-desfere-golpe-contra-mafia-ndrangheta-1684286

[34] Disponível em http://expresso.sapo.pt/sociedade/2016-01-16-Mafia-trafica-na-costa-portuguesa

[35] Disponível em https://www.researchgate.net/publication/257552800_The_structure_of_drug_trafficking_mafias_The_%27Ndrangheta_and_cocaine

[36] Disponível em http://www.elmundo.es/elmundo/2010/01/19/cronicasdesdeeuropa/1263893482.html

[37] Captagon é uma droga que inibe a dor e elimina o medo, a qual pode estar a ser utilizada pelos membros do Estado Islâmico durante os ataques terroristas.

[38] Disponível em http://www.elmundo.es/internacional/2015/10/12/561a871a22601d5e788b4619.html

[39] Disponível em http://www.jn.pt/PaginaInicial/Justica/Interior.aspx?content_id=5007635

[40] RODRIGUES, Anabela Miranda e MOTA, José Lopes da, Para uma Política Criminal Europeia, Coimbra Editora, Coimbra, 2002, p.14.

[41] Galito, Maria Sousa, TERRORISMO CONCEPTUALIZAÇÃO DO FENÓMENO, Lisboa, 2013, Disponível em http://pascal.iseg.utl.pt/~cesa/files/Doc_trabalho/WP117.pdf

[42] Disponível em http://observador.pt/especiais/breve-historia-do-terrorismo-da-franca-jacobina-ao-dito-estado-islamico/

[43] Disponível em http://www.ipri.pt/investigadores/artigo.php?idi=9&ida=54

[44] Disponível em http://segurancaecienciasforenses.com/2014/12/02/estado-islamico/

[45] Disponível em http://observador.pt/2016/01/14/indonesia-explosoes-tiroteios-jakarta/

[46] http://www.dn.pt/portugal/interior/portugues-morto-em-atentado-tinha-51-anos-e-vivia-em-franca-4984328.html

[47] Disponível em http://www.ladocumentationfrancaise.fr/information/lettres/qi/pdf/QI-58-art-gourdin.pdf

[48] Disponível em https://www.publico.pt/mundo/noticia/o-terror-chegou-ao-burkina-faso-1720456

[49] Disponível em http://www.un.org/en/peacekeeping/missions/minusma/

[50] Disponível em Disponível em http://www.fatf-gafi.org/media/fatf/documents/reports/FT-en-Afrique-de-louest.pdf

[51] Disponível em Disponível em http://www.bbc.com/portuguese/noticias/2015/01/150115_boko_haram_entenda_rb

[52] Disponível em http://pt.euronews.com/2016/01/31/boko-haram-mata-dezenas-na-nigeria-e-no-chade/

[53] Disponível em http://www.dn.pt/mundo/interior/boko-haram-queima-criancas-vivas-em-atentado-5009094.html

[54] Disponível em http://www.un.org/apps/news/story.asp?NewsID=53041#.Vp-h6_krLIV

[55] Disponível em https://nacoesunidas.org/violencia-do-boko-haram-gera-deslocamento-de-cerca-de-100-mil-pessoas-no-niger-alerta-acnur/

[56] Disponível em http://observador.pt/2016/01/15/cerca-1-200-mortos-ataques-do-boko-haram-nos-camaroes-desde-2013/

[57] Disponível em http://expresso.sapo.pt/internacional/2016-01-21-Bombardeamentos-destruiram-dezenas-de-milhoes-de-euros-do-Estado-Islamico

[58] Disponível em http://www.sabado.pt/mundo/medio_oriente/detalhe/encontrada_vala_comum_no_iraque_com_vitimas_do_daesh.html

[59] Disponível em http://www.dn.pt/mundo/interior/estado-islamico-destruiu-um-dos-monumentos-cristaos-mais-antigos-do-iraque-4990776.html

[60] http://www.uniraq.org/images/humanrights/UNAMI-OHCHR_%20POC%20Report_FINAL_01%20May-31%20October%202015_FINAL_11Jan2016.pdf

[61] Disponível em http://www.ionline.pt/artigo/492073/o-verdadeiro-estado-isl-mico-?seccao=Opiniao_i

[62] Disponível em http://expresso.sapo.pt/internacional/2016-01-19-Estado-Islamico-corta-salarios-para-metade

[63] Disponível em http://sol.pt/noticia/492121/Estado-Isl-mico-combatentes-estrangeiros-tambem-recebem-escravas-sexuais

[64] Disponível em http://www.dn.pt/mundo/interior/novo-video-do-estado-islamico-ameaca-europa-e-envia-mensagem-a-cameron-4962437.html

[65] Disponível em http://www.dn.pt/mundo/interior/estado-islamico-apela-a-criacao-de-um-califado-dos-balcas-e-a-conquista-da-europa-crista-4970225.html

[66] Disponível em http://observador.pt/2016/01/25/europol-alerta-grupo-estado-islamico-planeia-ataques-grande-escala-na-europa/

[67] Disponível em
http://rr.sapo.pt/noticia/45157/europol_alerta_estado_islamico_planeia_ataques
_em_grande_escala_na_europa

[68] Disponível em http://www.dn.pt/mundo/interior/estado-islamico-volta-a-
ameacar-portugal-e-espanha-5008269.html

[69] Disponível em http://www.dn.pt/i/4943635.html

[70] Disponível em http://sicnoticias.sapo.pt/pais/2016-01-01-Ministra-assegura-
que-nao-ha-razao-para-alarme-sobre-terrorismo

[71] Disponível em
http://database.jornaldefesa.pt/ameacas/terrorismo/JDRI%20070%20090913%
20terrorismo.pdf

[72] Disponível em http://icsr.info/wp-
content/uploads/2012/10/1277699166PrisonsandTerrorismRadicalisationandDe
radicalisationin15Countries.pdf

[73] Disponível em
http://rr.sapo.pt/noticia/45307/como_se_faz_um_terrorista_em_quatro_passos

[74] Disponível em https://www.publico.pt/mundo/noticia/o-novo-jihadista-do-
estado-islamico-e-gangster-e-terrorista-1718918?page=-1

[75] Disponível em http://expresso.sapo.pt/dossies/diario/2016-01-12-Os-jovens-
do-Daesh-nao-sao-muito-diferentes-dos-recrutas-da-Legiao-Estrangeira

[76] Disponível em http://www.dn.pt/mundo/interior/manual-do-perfeito-jihadista-
evitar-roupa-nova-e-perfume-mas-nao-todos-4980793.html

[77] Disponível em
http://rr.sapo.pt/noticia/45307/como_se_faz_um_terrorista_em_quatro_passos

[78] Disponível em http://www.cpdsi.fr/

[79] Disponível em http://www.ladocumentationfrancaise.fr/var/storage/rapports-
publics/154000455.pdf

[80] Disponível em
http://rr.sapo.pt/noticia/43582/terrorismo_temos_um_grande_conflito_internacio
nal_consequencias_podem_ser_devastadoras

[81] *Art.º 5.º-A, da Lei n.º 52/2003 de 22 de agosto e Convenção Internacional
para a Eliminação do Financiamento do Terrorismo.*

[82] Disponível em http://segurancaecienciasforenses.com/2015/12/29/unidade-
de-coordenacao-antiterrorismo/

[83] Disponível em http://segurancaecienciasforenses.com/2016/01/21/agenda-
europeia-para-a-seguranca-prioridades/

[84] Disponível em http://www.tsf.pt/internacional/interior/centro-europeu-contra-o-
terrorismo-e-quase-uma-realidade-4995458.html

[85] Disponível em http://www.ipri.pt/investigadores/artigo.php?idi=9&ida=54

[86] Alínea ac), n.º 1, art.º 2.º da Lei n.º 27/2008, de 30 de Junho.

[87] Acórdão de 10/02/2015, do Tribunal Central Administrativo do Sul, disponível
em
http://www.gde.mj.pt/jtca.nsf/170589492546a7fb802575c3004c6d7d/f7751d713f
61106f80257dfe0030de5f?OpenDocument

[88] Disponível em http://www.acnur.org/t3/portugues/recursos/estatisticas/dados-
sobre-refugio-no-brasil/

[89] Disponível em http://expresso.sapo.pt/internacional/2016-01-27-Lider-

europeu-diz-que-a-maioria-dos-refugiados-nao-foge-da-guerra

[90] Disponível em http://observador.pt/2016/01/12/abusos-sexuais-grande-escala-colonia-nao-fenomeno-isolado/

[91] Disponível em http://www.elmundo.es/internacional/2016/01/12/569401c9268e3e38718b4649.html

[92] Disponível em http://www.tvi24.iol.pt/interncional/ano-novo/suspeitos-de-abusos-sexuais-em-colonia-pediram-asilo-na-alemanha

[93] Disponível em http://www.dn.pt/mundo/interior/policia-de-zurique-denuncia-cenario-quase-identico-ao-de-colonia-4968979.html

[94] Disponível em http://www.jn.pt/Paginalnicial/Mundo/Interior.aspx?content_id=4969115

[95] Disponível em http://expresso.sapo.pt/internacional/2016-01-07-Ataque-de-mil-africanos-e-arabes-a-mulheres-em-cidade-alema-reacende-debate-sobre-refugiados

[96] Disponível em http://www.dn.pt/mundo/interior/belgica-anuncia-cursos-de-respeito-as-mulheres-para-refugiados-4970412.html

[97] Disponível em http://www.dn.pt/mundo/interior/alemanha-vai-expulsar-refugiados-condenados-por-abusos-sexuais-e-crimes-graves-4975970.html

[98] Disponível em http://www.dn.pt/mundo/interior/merkel-avisa-que-refugiados-terao-de-voltar-para-casa-5007456.html

[99] Disponível em http://www.dn.pt/mundo/interior/suecia-tenciona-expulsar-ate-80000-refugiados-5002955.html

[100] Disponível em http://www.tsf.pt/internacional/interior/suecia-quer-expulsar-entre-60-a-80-mil-refugiados-5003103.html

[101] Disponível em http://www.thelocal.se/20160125/swedish-refugee-centre-worker-dead-in-stabbing

[102] Disponível em http://sicnoticias.sapo.pt/mundo/2016-01-26-Funcionaria-de-centro-de-asilo-na-Suecia-morta-por-um-jovem-migrante

[103] Disponível em http://www.dn.pt/mundo/interior/dinamarca-refugiados-confiscados-se-tiverem-mais-de-1340-euros-5000607.html

[104] Disponível em http://pt.euronews.com/2016/01/15/suica-ja-confisca-bens-aos-refugiados/

[105] Disponível em http://observador.pt/2016/01/26/parlamento-dinamarques-aprova-confisco-bens-refugiados/

[106] Disponível em http://sicnoticias.sapo.pt/especiais/crise-migratoria/2016-01-29-Parlamento-portugues-repudia-por-unanimidade-nova-lei-de-asilo-dinamarquesa

[107] Disponível em http://pt.euronews.com/2016/01/21/inglaterra-vermelho-para-refugiados/

[108] Disponível em https://www.publico.pt/mundo/noticia/portas-vermelhas-identificam-refugiados-no-nordeste-de-inglaterra-1720959

[109] Disponível em http://www.thetimes.co.uk/tto/public/sitesearch.do?querystring=Red+Door+refugees&p=tto&pf=all&bl=on

[110] Disponível em http://www.ionline.pt/artigo/494363/os-refugiados-nao-sao-gado-para-serem-marcados?seccao=Opiniao_i

[111] Disponível em http://www.sapo.pt/noticias/refugiados-obrigados-a-usar-pulseiras_56a5248bea9df2e83ed37207

[112] Disponível em http://expresso.sapo.pt/internacional/2016-01-31-Criancas-refugiadas-sao-alvo-de-organizacoes-de-trafico-humano

[113] Disponível em http://www.theguardian.com/world/2016/jan/30/fears-for-missing-child-refugees

[114] Disponível em http://rr.sapo.pt/noticia/43376/guterres_traficantes_sao_os_unicos_que_gerem_a_crise_dos_refugiados

[115] Disponível em http://www.ionline.pt/artigo/492164/guterres-podemos-assistir-a-um-colapso-do-sistema-europeu-de-asilo?seccao=Portugal_i

[116] Disponível em https://www.publico.pt/mundo/noticia/uniao-europeia-fracassou-catastroficamente-na-crise-migratoria-1720714

[117] Disponível em http://www.dn.pt/mundo/interior/bruxelas-acusa-grecia-de-negligencia-na-gestao-da-fronteira-externa-5001776.html

[118] Disponível em http://segurancaecienciasforenses.com/2016/02/10/a-propaganda-do-horror/

[119] *Miguel Angel Belloso, in DN – "A crise migratória... e muçulmana", disponível em http://www.dn.pt/opiniao/opiniao-dn/miguel-angel-belloso/interior/a-crise-migratoria-e-muculmana-5004765.html, consultado em 29/01/2016.*

[120] Disponível em http://www.apav.pt/lgbt/menudom.htm

[121] Disponível em http://www.tvi24.iol.pt/videos/sociedade/violencia-domestica-mais-de-400-mulheres-morreram-em-portugal-nos-ultimos-11-anos/56899e590cf2853e9143eca6

[122] Disponível em http://www.dn.pt/mundo/interior/arcebispo-diz-que-violencia-domestica-acontece-porque-elas-pedem-divorcio-4968387.html

[123] Disponível em http://expresso.sapo.pt/internacional/2016-01-06-Muitas-vezes-a-reacao-machista-e-originada-por-ela-pedir-a-separacao

[124] Disponível em http://www.jn.pt/Paginainicial/Justica/Interior.aspx?content_id=4986080

[125] Disponível em https://www.publico.pt/sociedade/noticia/marido-assassina-mulher-em-sacavem-com-tiros-de-cacadeira-e-faz-explodir-o-corpo-1718583

[126] Disponível em http://www.cmjornal.xl.pt/nacional/portugal/detalhe/queima_mulher_com_agua_a_ferver.html

[127] Disponível em http://www.dn.pt/sociedade/interior/mulher-baleada-em-hostel-no-centro-do-porto-ja-teve-alta-hospitalar-5008358.html

[128] Disponível em https://www.cig.gov.pt/wp-content/uploads/2015/03/Relatorio-Intercalar-de-Execu%C3%A7%C3%A3o-do-V-PNPCVDG-2014.pdf

[129] Disponível em https://www.publico.pt/sociedade/noticia/e-inaceitavel-que-continuem-a-morrer-mulheres-1719704

[130] Disponível em http://www.cmjornal.xl.pt/nacional/portugal/detalhe/sequestrada_e_violada____quando_saia_do_colombo.html

[131] Disponível em http://www.tvi24.iol.pt/sociedade/esposende/violada-por-pescador-na-sua-propria-casa

[132] Disponível em
http://www.cmjornal.xl.pt/nacional/portugal/detalhe/apaixona_se_e_viola_vizinha_mais_velha.html
[133] Disponível em http://ominho.pt/estudo-da-uminho-diz-74-dos-homens-vitimas-agressores-na-intimidade/
[134] Disponível em
http://www.cmjornal.xl.pt/nacional/portugal/detalhe/funcionario_do_diap_maltratava_familiares.html
[135] Disponível em http://diariodigital.sapo.pt/news.asp?id_news=808076
[136] Disponível em
http://www.cmjornal.xl.pt/nacional/portugal/detalhe/agride_mae_idosa_e_incendeia_casa.html
[137] Disponível em
http://www.cmjornal.xl.pt/nacional/portugal/detalhe/funcionario_do_diap_maltratava_familiares.html
[138] Disponível em http://www.tvi24.iol.pt/videos/sociedade/maia-idosa-morreu-num-incendio-na-habitacao-em-pedroucos/56ae6f0f0cf2f5af08e6cbd2
[139] Disponível em http://www.tvi24.iol.pt/videos/sociedade/vila-real-vizinhos-apagam-fogo-mas-nao-conseguem-salvar-mulher/56a01d5c0cf2c02f97
[140] Disponível em
http://www.cmjornal.xl.pt/nacional/portugal/detalhe/enganam_idosa_e_roubam_470_.html
[141] Disponível em http://diariodigital.sapo.pt/news.asp?id_news=807920
[142] Disponível em
http://www.cmjornal.xl.pt/nacional/portugal/detalhe/aveiro_idosa_amordacada_em_assalto_violento.html
[143] Disponível em
http://www.jn.pt/Paginalnicial/Justica/Interior.aspx?content_id=4988909
[144] Disponível em
http://www.jn.pt/Paginalnicial/Justica/Interior.aspx?content_id=4993739
[145] Disponível em
http://www.gnr.pt/default.asp?do=241t4nzn5_r52rpvnv5/vq1515_5rt74n0pn
[146] Disponível em http://sicnoticias.sapo.pt/pais/2016-01-27-GNR-faculta-numero-de-telemovel-de-militares-a-idosos-que-vivem-isolados
[147] Disponível em http://diariodigital.sapo.pt/news.asp?id_news=806157
[148] Disponível em http://expresso.sapo.pt/sociedade/2016-01-23-Meio-milhao-de-trabalhadores-em-risco-de-pobreza
[149] Disponível em
http://www.jn.pt/Paginalnicial/Justica/Interior.aspx?content_id=4996030
[150] Disponível em
http://www.jn.pt/Paginalnicial/Justica/Interior.aspx?content_id=5005858
[151] Disponível em http://www.tvi24.iol.pt/sociedade/abuso-sexual/porto-suspeito-de-abusar-de-varios-menores-detido-pela-pj
[152] Disponível em
http://www.cmjornal.xl.pt/nacional/portugal/detalhe/educadora_constituida_arguida_por_suspeitas_de_maus_tratos_em_creche.html
[153] Disponível em https://www.publico.pt/sociedade/noticia/pais-responsaveis-

por-metade-dos-maus-tratos-que-chegam-ao-instituto-de-medicina-legal-1674676

[154] Disponível em http://www.dn.pt/sociedade/interior/medicos-incentivados-a-denunciar-violencia-domestica-4978754.html

[155] Disponível em http://observador.pt/2016/01/09/governo-cria-grupo-trabalho-ao-nivel-da-educacao-combater-violencia-domestica/

[156] Disponível em https://www.publico.pt/multimedia/video/protecao-das-vitimas-e-uma-das-preocupacoes-do-governo-diz-ministra-da-justica-2016119010202

[157] Disponível em http://segurancaecienciasforenses.com/2014/05/13/gestao-do-risco-em-violencia-domestica/

[158] Disponível em http://www.jn.pt/Paginalnicial/Seguranca/Interior.aspx?content_id=4034758&page=-1

[159] Disponível em http://www.dn.pt/inicio/portugal/interior.aspx?content_id=4316625

[160] Disponível em https://www.parlamento.pt/Documents/XIILEG/Abril_2015/relatorioseginterna2014.pdf

[161] Lei n.º 166/99, de 14 de setembro, alterada pela Lei n.º 4/2015, de 15 de janeiro.

[162] Disponível em http://www.cej.mj.pt/cej/recursos/ebooks/familia/Intervencao_Tutelar_Educativa.pdf

[163] Ferreira, Pedro Moura, «Delinquência juvenil», família e escola, Análise Social, vol. XXXII (143), 1997 (4.º-5.º), p. 916.

[164] Braga, T. e Gonçalves, R. A., Delinquência juvenil: Da caracterização à intervenção, Revista de Psicologia da Criança e do Adolescente, 2013, 95-116.

[165] Disponível em http://www.tvi24.iol.pt/sociedade/crimes/um-terco-dos-jovens-criminosos-evocam-problemas-economicos

[166] Disponível em http://expresso.sapo.pt/sociedade/2016-01-23-Meio-milhao-de-trabalhadores-em-risco-de-pobreza

[167] Disponível em http://sicnoticias.sapo.pt/pais/2016-01-27-Maioria-dos-jovens-que-cometem-crimes-ja-estavam-sinalizados

[168] Disponível em http://observador.pt/2014/08/01/70-dos-jovens-que-cometeram-crimes-vieram-de-instituicoes-estado/

[169] Disponível em http://www.dn.pt/portugal/interior/juizes-optam-por-dar-liberdade-em-vez-da-prisao-a-jovens-deliquentes-4961666.html

[170] Disponível em https://www.publico.pt/sociedade/noticia/mais-de-dois-tercos-dos-jovens-em-centros-educativos-tem-processos-de-proteccao-1721454

[171] Disponível em http://segurancaecienciasforenses.com/2012/06/14/delinquencia-juvenil-e-imputabilidade/

[172] Disponível em https://www.publico.pt/sociedade/noticia/delinquencia-juvenil-tolerancia-zero-1690921

[173] Disponível em http://sol.pt/noticia/494351/A-roubar-dos-5-aos-60-anos

[174] Relatório de Segurança Interna, p. 272 e ss. Disponível em https://www.parlamento.pt/Documents/XIILEG/Abril_2015/relatorioseginterna20

14.pdf
[175] Disponível em
http://www.ansr.pt/Estatisticas/RelatoriosDeSinistralidade/Documents/2014/REL
AT%C3%93RIO%20ANUAL-
%20V%C3%8DTIMAS%20A%2024%20HORAS/Relat%C3%B3rio%20Anual%2
0de%20Sinistralidade%20Rodovi%C3%A1ria%20-%202014.pdf
[176] Disponível em http://diariodigital.sapo.pt/news.asp?id_news=805792
[177] Disponível em
http://www.cmjornal.xl.pt/nacional/portugal/detalhe/panico_com_idoso_em_cont
ramao.html
[178] Disponível em http://segurancaecienciasforenses.com/2016/02/17/sistema-
nacional-de-fiscalizacao-automatico-da-velocidade-sincro/
[179] Disponível em
http://www.ansr.pt/SegurancaRodoviaria/ArtigosTecnicos/Documents/Trabalho
%20fadiga%20com%20logotipo%20ANSR.pdf
[180] Disponível em http://www.tvi24.iol.pt/videos/sociedade/disparam-multas-de-
velocidade-alcool-e-telemovel/56a63c0e0cf24a1f02504deb
[181] Disponível em http://www.tvi24.iol.pt/videos/sociedade/telemovel-ao-volante-
em-3-segundos-percorre-se-a-distancia-de-um-campo-de-
futebol/56a9cc360cf25077f332a890
[182] Disponível em
http://www.dgsp.mj.pt/backoffice/uploads/anuais/2015032304031909EST-
PRIS2014_reclus_condnd-sex-idad-nacnl_tpcrim.pdf
[183] Disponível em http://www.ionline.pt/309662
[184] Disponível em
http://www.cmjornal.xl.pt/nacional/portugal/detalhe/conduz_moto_durante_17_a
nos_sem_ter_carta.html
[185] Disponível em http://www.rederegional.com/index.php/sociedades/2096-
apanhado-homem-que-conduzia-ha-39-anos-sem-carta
[186] Disponível em
http://www.jn.pt/PaginaInicial/Interior.aspx?content_id=461543
[187] Disponível em http://www.tvi24.iol.pt/sociedade/videos/policia-sem-carta-
conduzia-carros-patrulha
[188] Disponível em https://www.publico.pt/local/noticia/bombeiro-conduzia-
ambulancias-sem-carta-foi-despedido-e-queixase-de-injustica-1538867
[189] Relatório de Segurança Interna, p.14 e ss. Disponível em
https://www.parlamento.pt/Documents/XIILEG/Abril_2015/relatorioseginterna20
14.pdf
[190] Disponível em
http://www.dgsp.mj.pt/backoffice/uploads/anuais/2015032304031909EST-
PRIS2014_reclus_condnd-sex-idad-nacnl_tpcrim.pdf
[191] Disponível em
http://www.jn.pt/PaginaInicial/Nacional/Interior.aspx?content_id=4597586
[192] Disponível em http://www.ionline.pt/artigo/493334/homem-apanhado-com-
alcool-duas-vezes-em-duas-horas?seccao=Portugal_i
[193] Disponível em
http://www.cmjornal.xl.pt/nacional/portugal/detalhe/acusa_13_gl_com_filho_beb

e.html

[194] Relatório de Segurança Interna, p.14 e ss. Disponível em https://www.parlamento.pt/Documents/XIILEG/Abril_2015/relatorioseginterna20 14.pdf

[195] Disponível em http://www.dgo.pt/noticias/Paginas/SinteseExecucaoOrcamental.aspx

[196] Disponível em http://www.jornaldenegocios.pt/economia/detalhe/multas_de_transito_renderam _mais_31_em_2015.html

[197] Disponível em http://www.cmjornal.xl.pt/nacional/portugal/detalhe/caca_a_multa_rende_10_mil _euros_por_hora.html

[198] Disponível em http://segurancaecienciasforenses.com/2015/12/09/acidentes-de-viacao-infraestruturas/

[199] Disponível em http://www.ionline.pt/artigo/492855/covilha-dez-criancas-feridas-apos-choque-frontal-entre-dois-autocarros?seccao=Portugal_i

[200] Disponível em http://www.cmjornal.xl.pt/nacional/portugal/detalhe/cavalos_na_estrada_desfaz em_familia.html

[201] Disponível em http://www.imtt.pt/sites/imtt/Portugues/Veiculos/Inspecao/Tiposinspeccoes/perio dicas/Paginas/Home.aspx

[202] Disponível em http://www.autoinforma.pt/vendasveiculosautomoveisportugal2015.html?MIT=1

[203] Disponível em http://www.cej.mj.pt/cej/recursos/ebooks/civil/Responsabilidade_Civil_Estado.p df

[204] Disponível em https://www.publico.pt/local/noticia/novas-taxas-sao-assalto-a-quem-tem-casa-ou-empresa-junto-a-estradas-nacionais-1721821

[205] Disponível em http://expresso.sapo.pt/sociedade/2015-11-11-Portagens-aumentam-em-janeiro-depois-de-dois-anos-sem-alteracoes

[206] Lei n.º 19/2014, de 14 de abril

[207] Disponível em https://www.dgs.pt/paginas-de-sistema/saude-de-a-a-z/amianto.aspx

[208] Disponível em http://www.cdc.gov/niosh/topics/asbestos/

[209] Disponível em http://www.ff.up.pt/toxicologia/monografias/ano1011/amianto/amianto/Amianto_ arquivos/Page379.htm

[210] Disponível em http://www.ff.up.pt/toxicologia/monografias/ano1011/amianto/amianto/Amianto_ arquivos/Page379.htm

[211] Disponível em http://www.who.int/mediacentre/factsheets/fs343/en/

[212] Disponível em http://ntp.niehs.nih.gov/ntp/roc/twelfth/profiles/Asbestos.pdf

[213] Disponível em http://www.cmjornal.xl.pt/detalhe/noticias/opiniao/fernanda-palma/o-preco-do-amianto

[214] Disponível em http://www.hse.gov.uk/pubns/indg223.pdf

[215] Sobre este assunto ver Público de 04/03/2013, num artigo intitulado "A saga do amianto nos corredores do Governo".

[216] Disponível em http://sicnoticias.sapo.pt/pais/2016-01-26-Ministro-da-Educacao-garante-que-amianto-sera-removido-ate-ao-final-de-2017

[217] Disponível em http://www.tvi24.iol.pt/sociedade/tiago-brandao/amianto-governo-esta-a-rever-mapa-de-escolas-para-avancar-com-obras

[218] Disponível em http://sicnoticias.sapo.pt/pais/2016-01-04-Protesto-contra-amianto-em-escola-de-Oliveira-do-Hospital

[219] Diretiva n.º 2012/19/UE e Decreto-Lei n.º 67/2014, de 7 de maio.

[220] Disponível em http://observador.pt/2016/01/13/quercus-gestao-residuos-aparelhos-eletricos-esta-risco/

[221] Disponível em http://diariodigital.sapo.pt/news.asp?id_news=806812

[222] Disponível em http://sicnoticias.sapo.pt/pais/2016-01-16-Cientistas-portugueses-desenvolvem-detergente-amigo-do-ambiente-a-partir-de-lixo

[223] FADIGAS, Leonel, Fundamentos Ambientais do Ordenamento do Território e da Paisagem, Edições Sílabo, Lisboa, 2007, p. 50.

[224] Disponível em http://expresso.sapo.pt/internacional/2016-01-19-Africa.-El-Nino-deixa-14-milhoes-de-pessoas-a-passar-fome

[225] Disponível em http://diariodigital.sapo.pt/news.asp?id_news=808809

[226] Esta questão está regulada na Diretiva n.º 91/271/CEE transposta para o direito interno pela Decreto-Lei n.º 152/97, de 19 de junho.

[227] Disponível em http://www.tvi24.iol.pt/internacional/tribunal/portugal-viola-diretiva-de-tratamento-de-aguas-residuais-em-44-locais

[228] Disponível em http://curia.europa.eu/juris/document/document.jsf?text=%25C3%25A1guas%2Bresiduais&docid=173916&pageIndex=0&doclang=pt&mode=req&dir=&occ=first&part=1&cid=611459#ctx1

[229] Disponível em http://diariodigital.sapo.pt/news.asp?id_news=813452

[230] Disponível em http://www.publico.pt/mundo/noticia/em-flint-no-michigan-a-agua-que-sai-da-torneira-e-lixo-toxico-1720538

[231] Disponível em http://www.cbsnews.com/news/flint-water-crisis-high-lead-levels-with-filters/

[232] Disponível em http://rr.sapo.pt/noticia/45265/canceladas_licencas_de_prospeccao_de_petroleo_petrolifera_e_ambientalista_aplaudem

[233] Disponível em http://www.nature.com/nature/journal/v529/n7586/full/nature16156.html

[234] Disponível em http://www.jn.pt/Paginalnicial/Mundo/Interior.aspx?content_id=4990958

[235] Cujo Secretário-Geral dirige superiormente o SIRP depende diretamente do Primeiro-Ministro.

[236] Disponível em http://www.tvi24.iol.pt/sociedade/ongoing-bernardo-bairrao-fuga-de-informacao-sied-jorge-silva-carvalho-tvi24/1268497-4071.html

[237] Disponível em http://www.parlamento.pt/ActividadeParlamentar/Paginas/DetalheDiplomaAprovado.aspx?BID=18826

[238] Disponível em

http://segurancaecienciasforenses.com/2015/02/21/estrategia-nacional-de-combate-ao-terrorismo/

[239] Disponível em http://expresso.sapo.pt/sociedade/2015-06-29-Comissao-de-Dados-chumba-lei-das-secretas-devassa-e-uma-agressao-grosseira-a-privacidade-e-a-liberdade-

[240] Disponível em
http://app.parlamento.pt/webutils/docs/doc.pdf?path=6148523063446f764c3246
79626d56304c334e706447567a4c31684a5355786c5a793944543030764d554e
425130524d5279394562324e31625756756447397a5357357059326c6864476c
3259554e7662576c7a633246764c32466c4d6d59344d4441774c5445354d d5755
744e444d774e533168597a55774c5751794d7a51314f47466a6a a5a5756694d6935
775a47593d&fich=ae2f8000-191e-4305-ac50-d23458aceeb2.pdf&Inline=true

[241] Disponível em
http://app.parlamento.pt/webutils/docs/doc.pdf?path=6148523063446f764c3246
79626d56304c334e706447567a4c31684a5355786c5a793944543030764d554e
425130524d5279394562324e31625756756447397a5357357059326c6864476c
3259554e7662576c7a633246764c7a63354e7a4e6d4d7a4d566a566a4c575531315931593251
744e474d334d5331685a5451794c5751335a6a646c6c4e6d4d55314e44426b4f5335
775a47593d&fich=7973f35c-e5cd-4c71-ae42-d7f7e6e540d9.pdf&Inline=true

[242] Disponível em
http://www.cmjornal.xl.pt/opiniao/colunistas/rui_pereira/detalhe/mito_em_queda.html

[243] Disponível em http://www.publico.pt/sociedade/noticia/as-secretas-e-a-nossa-vida-privada-1702119?frm=opi

[244] Disponível em http://www.presidencia.pt/?idc=10&idi=96050

[245] Disponível em
http://www.dn.pt/DNMultimedia/DOCS+PDFS/Capas%202015/Comunicado_Ac ordao%20403_15.pdf

[246] Disponível em
http://www.tribunalconstitucional.pt/tc/acordaos/20150403.html

[247]Disponível em
http://www.rtp.pt/noticias/index.php?article=798112&tm=8&layout=123&visual=61

[248] Disponível em
http://www.cmjornal.xl.pt/opiniao/colunistas/rui_pereira/detalhe/terror_a_portugu esa.html".

[249] Disponível em http://sicnoticias.sapo.pt/pais/2015-02-08-Ministra-da-Justica-admite-que-os-servicos-secretos-possam-vir-a-fazer-escutas

[250] Disponível em http://www.ionline.pt/iopiniao/servicos-informacoes-escutas-telefonicas/pag/-1

[251] Disponível em http://diariodigital.sapo.pt/news.asp?id_news=756622

[252] Disponível em
http://www.dn.pt/inicio/portugal/interior.aspx?content_id=4413728

[253] Disponível em http://www.dn.pt/politica/interior.aspx?content_id=4415098

[254] Disponível em http://www.tsf.pt/portugal/justica/interior/caso-secretas-antigo-espiao-jorge-silva-carvalho-vai-a-julgamento-3807522.html

[255] Disponível em http://diariodigital.sapo.pt/news.asp?id_news=812350

[256] http://www.tvi24.iol.pt/sociedade/justica/secretas-governo-de-passos-coelho-quis-regresso-de-silva-carvalho

[257] Disponível em http://www.tvi24.iol.pt/sociedade/nuno-vasconcellos/secretas-ongoing-nega-ter-pedido-informacoes-a-ex-espiao

[258] Disponível em http://www.tvi24.iol.pt/sociedade/espiao/secretas-e-modus-operandi-dos-servicos-ter-acesso-aos-dados-das-operadoras

[259] Disponível em http://www.tvi24.iol.pt/sociedade/joao-luis/secretas-espioes-tem-acesso-a-telefones-contas-bancarias-irs-e-ss

[260] Disponível em http://www.tvi24.iol.pt/sociedade/secretas/ministerio-publico-abre-investigacao-aos-servicos-secretos

[261] Estas garantias tiveram reflexos no panorama político, o que levou o PCP a insistir na audição do secretário-geral do SIRP, estando o PS preocupado com "disfunção" do parlamento nesta matéria. Disponível em http://www.dn.pt/portugal/interior/escutas-ilegais-nas-secretas-pcp-insiste-em-ouvir-chefe-dos-espioes-5035022.html, e em http://www.dn.pt/portugal/interior/secretas-sob-suspeita-ps-preocupado-com-disfuncao-do-parlamento-5013382.html.

[262] Disponível em http://sol.pt/noticia/495697/Fiscalizacao-das-secretas-precisa-de-mais-meios

[263] Disponível em http://www.cfsirp.pt/Geral/poderes.html

[264] Disponível em http://www.dn.pt/portugal/interior/secretas-diretor-chocado-que-sied-seja-visto-como-associacao-de-malfeitores-5015049.html

[265] Disponível em http://observador.pt/2016/02/04/secretas-rui-pereira-diz-sempre-procurou-fronteira-permitido-proibido/

[266] Disponível em http://www.tvi24.iol.pt/sociedade/secretas/ministerio-publico-abre-investigacao-aos-servicos-secretos

[267] Disponível em http://www.dn.pt/portugal/interior/tribunal-quer-abrir-segredo-de-estado-5045998.html

[268] Disponível em http://expresso.sapo.pt/sociedade/2016-01-29-Numero-um-dos-servicos-de-informacoes-portugueses-condecorado-pelo-rei-de-Espanha

[269] Cardoso, Pedro, As Informações em Portugal, Gradiva/IDN, Lisboa 2004, p.179.

[270] Rodrigues, Joaquim Chito, Para Uma Cultura de Intelligence em Portugal, Revista NOVA CIDADANIA, Julho/Setembro 2006, Lisboa, p. 22 e s.